给在青春跑道上的少年们，
送去满满的正能量和暖暖的阳光。

相信自己，你就是最优秀的

李连成◎编著

成都地图出版社

图书在版编目（CIP）数据

相信自己，你就是最优秀的 / 李连成编著. -- 成都:
成都地图出版社, 2018.6（2024.3重印）
ISBN 978-7-5557-0912-1

Ⅰ.①相… Ⅱ.①李… Ⅲ.①教育理论—文集 Ⅳ.
①G40-53

中国版本图书馆CIP数据核字(2018)第082074号

相信自己，你就是最优秀的

XIANGXIN ZIJI，NI JIUSHI ZUI YOUXIU DE

责任编辑：魏小奎

封面设计：吕宜昌

出版发行：成都地图出版社

地　　址：成都市龙泉驿区建设路2号

邮政编码：610100

印　　刷：三河市金兆印刷装订有限公司

（如发现印装质量问题，影响阅读，请与印刷厂商联系调换）

开　　本：710mm×1000mm　　1/16

印　　张：10　　　　字　　数：200千

版　　次：2018年6月第1版　　印　　次：2024年3月第8次印刷

书　　号：ISBN 978-7-5557-0912-1

定　　价：29.80元

大咖寄语

人生的道路上，谁都会遇到困难和挫折，就看你能不能战胜它。战胜了，你就是英雄，就是生活的强者。

——张海迪 ◀

生命太过短暂，今天放弃了明天不一定能得到。

——李嘉诚 ◀

我还有很多路要走，我不知道我要走到哪里，也不知道能走多远。但我想，心有多远，脚下的路就有多远。

——李娜 ◀

人生的乐趣全在这定与不定之间，你也永远不会知道自己究竟成功与否，享受过程才最重要。

——杨澜 ◀

耐心高于智慧，耐心重于道德，耐心战胜了而且必将继续战胜任何对手。

——王蒙 ◀

世界上唯一可以不劳而获的就是贫穷，唯一可以无中生有的就是梦想。世界虽然残酷，但只要你愿意走，总会有路。

——刘强东 ◀

我能在冬天的严酷环境中生存下来，可能我会在春天是最漂亮的。

——张瑞敏 ◀

有的人生活在晚上十点，因为他留在昨天；有的人生活在凌晨两点，他必将迎接未来。同样是伸手不见五指，但这就是区别。

——罗振宇 ◀

当你的才华还撑不起你的野心的时候，你就应该静下心来学习；当你的能力还驾驭不了你的目标时，就应该沉下心来历练。

——莫言 ◀

你可以失败，但决不能这样失败，竟然是被太阳晒死的，是被海水咸死的，是被寒风冻死的。作为男人，这也许是莫大的耻和辱！

——麦家《致信儿子》 ◀

前途比现实重要，希望比现在重要。我们没有预见未来的能力，也没有洞穿世事的眼力，但至少我们有努力让自己变得更好，去迎接考验的学习力。

——中国人民大学 田恺 ◀

自信，使不可能成为可能，使可能成为现实。不自信，使可能变成不可能，使不可能变成毫无希望。读这本励志书，不是喝鸡汤，而是给自己的自信心加油。

——上海交通大学 李莉敏 ◀

学习就要有坐冷板凳的毅力，求知的路漫长而枯燥，有好书相伴会让我们更有耐力，不再迷茫。

——衡水中学 柳君子 ◀

没有目标就没有方向，每一个阶段都要给自己树立一个目标。这会让你的青春时光过得更有价值，让你以后的人生更有价值。当我们失落迷茫时，不如读读这本书，它将是一位集解压、启迪、倾听、陪伴多种功能的好伙伴。

——河北大学 周政均 ◀

学习和考试，并没有你想象的那么糟糕，掌控好的方法才是真理；青春和理想并没有那么虚无，拥有好的心态才是法宝。不再郁闷苦恼，告别无病呻吟，读这本书无疑会告诉你青春的答案。

——启东中学 陈敏一 ◀

青春，一个被赋予太多憧憬与希望的词汇。在很多人眼里青春如火，燃烧着激情与活力；青春如花，绽放着智慧和希望。如何让青春绽放光彩，我分享给朋友们的方法是——与好书同行，与优秀的人同行。

——南开大学 秦冲 ◀

一本书，不能让所有的人在所有的时间受益，但可以让特别的人在特别的时间受益。

——［美］林肯

目录 Contents

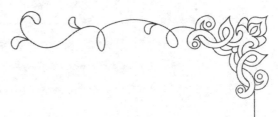

PART 01
敞开心扉，做好自己

不羡慕他人，不一味与他人比较，用心过好自己的生活，
努力经营好自己的人生，做好自己该做的事。当你能这样静
下心来的时候，你便能成为最优秀的自己，拥有最多的收获。

只有完美的人才能取得完美的幸福。

——［苏］列·列昂诺夫

你就是你自己

在人生的舞台上，不同的人饰演着不同的角色。有人活得精彩，那是因为他演的是自己；有人活得很累，那是因为他在演别人。对于青少年时期的你，你愿意怎么活呢？相信没有人愿意跟自己过不去。人生只有一次，要好好地活下去，你就是你自己，是控制你自己的真正主人。你的一生应该由你自己做主。接受自己，做好自己，因为在这个世界上你是独一无二的。

◆ 挖掘你的潜力

我们不应该鄙薄自己、看低自己，因为那样等于是在自己身上加锁，把自己锁在一个不见天日的牢笼里，不能出来。要打开这把锁救自己，唯有喜爱自己、接受自己，不要对自己妄加批评，就算自己有缺陷，也要超越自卑。十全十美的人并不存在，至少我们还没有遇到，特定的个人在特定的方面都有不尽如人意的地方，这种缺陷将导致一定程度的自卑。"我很丑，也不温柔"，这样也很好，自己过得舒服也很不错，这种自信的丑男人是不是也很有魅力？能够超越自卑的前提就是接受自己，包括自己的缺陷，如果不能接受自己，也就谈不上超越了。当我们接受和喜爱自己时，我们的所有潜力，自然都被发挥出来，会高明得连我们自己都惊奇。

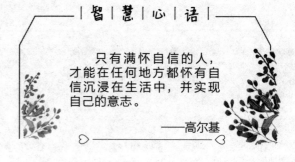

| 智 | 慧 | 心 | 语 |

只有满怀自信的人，才能在任何地方都怀有自信沉浸在生活中，并实现自己的意志。

——高尔基

周杰伦是在中国台湾省新北市一个单亲家庭长大的。他母亲是个中学老师，父亲在他年幼的时候和母亲离了婚。正因为如此，母亲把所有的希望都寄托在了他身上。

周杰伦很小的时候，母亲见他在音乐方面很有天赋，就毫不犹豫地取出家里所有的积蓄，给他买了一架钢琴。高中毕业后的周杰伦一时找不到工作，便到一家餐馆当了服务生。但他对音乐的爱好却有增无减，发的工资都买了磁带。

后来，吴宗宪发现了周杰伦的才华，并邀请周杰伦辞职后到他的音乐公司写歌。

一次次创作失败后，这个一天说不上两句话的小伙子终于一鸣惊人。他的个人首张专辑《Jay》于 2001 年获得第 12 届台湾金曲奖最佳流行音乐演唱专辑奖、第 12 届台湾金曲奖最佳制作人提名、第 12 届台湾金曲奖最佳作曲人提名。

2001 年 9 月，周杰伦第二张专辑《范特西》横空出世，并再次风靡了整个华语歌坛。2002 年年初，在第八届全球华语音乐榜中榜评选过程中，周杰伦获得 2001 年度"最受欢迎男歌手"奖。

从一名餐厅服务员成长为家喻户晓的当红歌手，周杰伦在接受美国《时代》杂志专访时说："明星梦并不是遥不可及的，其实，任何人都可以做，只要你肯努力。我之所以能有今天，就是我不服输的结果。"

一个人不想做退却的懦夫，就应该像蜗牛一样，充满自信地一步一步往上爬。如果你一直追求下去，那么，天下还有什么事不会成功呢？

◆ 接受自己，爱自己

与宽恕别人同样重要的一件事，就是自己应当喜爱自己。尽管我们阅历较浅、缺少金钱，或是因为这样那样的事情而不快乐，但这些都只是暂时性的，只要我们喜爱自己，那些种种不如意都会因为我们的自信、乐观而烟消云散。人一旦接受自己，那么生命中的一切，自然都会流畅起来。只要我们能够喜爱自己，充满自信，我们的视野就会放宽，财富就会聚拢，与人的关系也会改善，创造能力也会随之增强。当好的一切自然来到时，我们根本不需要去做特别的奋斗。喜爱自己，接受自己的一切，就够我们一生受用不尽了。

有一个女孩，她说她的压力很大，因为她有个很棒的姐姐。有个很棒的姐姐，这应该是件值得高兴的事。但这个姐姐带给她的却是更多的压力和无奈：爸爸妈妈经常拿姐姐来和她做比较，亲戚、朋友也是这样。她感到好累、好辛苦。那样的生活让她感到厌烦，她说好累。

小女孩正处于美好的花季，本应该生活在快乐、梦幻的生活当中，但她却失去了应该有的快乐和天真。人只有活着才有希望，应该去试着改变自己的想法，敞开自己的心扉：姐姐是姐姐，自己是自己，把姐姐当作榜样，是动力，而不是压力。这时，她也许会发现自己的优点，发现自己也不是一无是处。

接受自己是一种无条件的全面接受，包括自己的家庭背景、学习能力、身体素质等。接受自己和喜爱自己，会制造出一种安全感、自信心，故此能使我们福至心灵，万事得心应手。所以，"当下"我们就应该毫不迟疑地改变，立刻接受和喜爱自己。一旦做到了，一定会有很好的成绩，而那些成绩，完全不是勉强得来的，而是自然而然发生的。

◆ 做好自己，你可以

"我不是清心寡欲，不是眼高于顶，甚至我只是渺小卑微的一个生命。但是，有一点很重要：我就是我。宇宙中生命之海何其浩淼，然而，我就是我。"这是一句非常有哲理的话，包含着深厚的涵义，那就是做好自己。

漫画家蔡志忠 15 岁那年，也就是初中二年级时，就带着投漫画稿赚来的 250 元稿费，到台北闯天下。但是他很快就面临着学历的问题。参军退伍后，他决定到以外制电视节目而闻名的光启社求职，当看到求才广告上"大学相关科系毕业"一项条件时，他立即就傻眼了。不过他仍旧相信自己的实力，没有理会这项学历限制而加入应征的行列。结果他击败了另外 29 名应征的大学毕业生，进入了光启社。在出版社工作的 5 年里，蔡志忠自修了大学美术专业的所有课程。

之后他在漫画界的表现如异军突起，也一度是全台湾纳税额最高的一位作家。

在连初中都没念完的情况下，是什么使他能有勇气踏入这个文凭至上的社会呢？他说："做人最重要的就是要了解自己，相信自己。有人适合做总统，有人适合扫地。如果适合扫地的人以做总统为人生目标，那只会一生痛苦不堪，受尽挫折。"而他就是适合做一个漫画家。他从小就知道自己能画，所以从四五岁时就开始画，不停地画，终究画出了自己的一片天空。

学姐寄语

对于每个青少年来说，都要驱除心中那消极的声音。你可以把它想象成一个你能够抓住的实在有形的样子，然后，把它从你的身体里剥离出来。你可以做到！你以为你不能，但是事实告诉你：你可以！

调整心态，改变自己

法国著名作家拉伯雷说："生活就是一面镜子，你对它笑，它就对你笑；你对它哭，它就对你哭。"如果每天都能保持乐观的心态，那么，我们每天的生活都是快乐和充实的。

人活在世上，凡事都要看开点，看远点，看淡点，心胸要豁达些、大度些，相信"任何事情的发生必有利于我"，且"办法总比困难多"。人想要活得快乐，就必须要有一个好心态。有位哲人说得好："既然现实无法改变，那么只有改变自己。"改变自己就要从改变自己的心态开始。

罗杰·罗尔斯是美国纽约州历史上第一位黑人州长，只因皮尔·保罗校长的一句话："我看你修长的小拇指就知道，将来你是纽约州的州长。"这成了他从贫民窟走向体面人生的动力。在就职演说中，罗尔斯说："心态值多少钱？心态是不值钱的，它有时甚至是一个善良的欺骗，然而你一旦坚持下去，它就会迅速升值。"

心态对于我们每个人来说，都是非常重要的，只要有良好的、积极乐观的心态，任何事情都可以过得去。我们要学会调整心态，找到人生方向，心态越好，命运就越好。

◆ 乐观是战胜一切的法宝

在人的一生中，成功之路也不是畅通无阻的，难免会遇到一些挫折。面对挫折和困难，心态积极、乐观向上的人会接受挑战、应对挫折，无论做什么事都会以愉悦的心情对待，自然就有成功的机会，也可以说已经成功了一半；而消极悲观的人，总是怨天尤人、夸大困难，结果只能是碌碌无为，从而使自己的人生路走向下坡，掉进失败的深渊。

乐观者因为有积极的心态，所以总是可以保持清醒的头脑，在危难中找到转机；悲观的人即使给了他机会，他的眼里也只看得到危难。

有一个美国女孩，她小时候因一次意外，眼睛受了重伤，最终导致双目失明，但庆幸的是通过手术，她还能通过左眼角的小缝隙来看这个世界。面对生活给予的"礼物"——上帝赋予自己的残缺的身体，她没有因此而悲观，不仅接受了现在的自己，而且更加坚定了活下去并活得更好的信念。

她很喜欢和小朋友们一起玩跳房子的游戏，为解决眼睛看不到记号的问题，她努力把每个角落都记在脑子里，然后快乐得像个正常人一样。

凭借着一股子韧劲儿，她曾到一个乡村里教过书，在教书之余，她还在妇女俱乐部做演讲，到电视台做谈话节目。双目的缺陷并没有影响她的人生，相反，她以积极乐观的态度、努力奋斗的毅力获得了明尼苏达大学的文学学士学位及哥伦比亚大学的文学硕士学位。她所著的自传体小说《我想看》在美国轰动一时，成为畅销名著，激励了无数人的斗志，她就是波基尔多·连尔。她曾这样说："其实在内心深处，我对变成全盲始终有着一种不能言语的恐惧感，但我也深知，这种恐惧不会给我带来一点益处，我只有以乐观的心态去面对这一切，激励自己，才能最有效地改变现状。"也正是她这种乐观的心态，不仅成就了她辉煌的人生，也使她在 52 岁时，经过两次手术，获得了高于以前 40 倍的视力，又一次看到美丽绚烂的世界。

人们总是认为，一个人的成功依赖于某种天分或某种优越的条件，但我们却从波基尔多·连尔的身上，看到了积极乐观心态所带来的力量。试想，

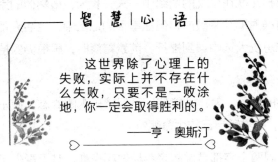

| 智 | 慧 | 心 | 语 |

这世界除了心理上的失败，实际上并不存在什么失败，只要不是一败涂地，你一定会取得胜利的。

——亨·奥斯汀

如果她在失明后自暴自弃，终日活在对老天不公平的抱怨中，还怎么去支配和控制自己的人生，又怎么能拿出勇气去克服困难，面对更残酷的命运。

随着信息时代的来临，社会的竞争也越来越激烈，对于肩负使命的青少年来说，也将要面对更多的压力与挫折，用怎样的态度去对待生活也决定了日后会有怎样的未来。其实，困难就像弹簧，你强它就弱，你弱它就强，生活中的很多失败，并不是因为我们能力不行，而是自己让自己悲观。所以说困难并不可怕，只要你能乐观地看待所面临的一切，你就能站在巨人的肩膀上，获得比顺境更为强大的力量，站得更高，走得更远。

◆ 乐观让明天更美好

渴望人生的愉悦，追求人生的快乐，是人的天性，每个人都希望自己的人生是快乐、充满欢声笑语的。快乐是一种积极的处世态度，是以宽容、接纳、愉悦的心态去看待周边的世界。生活就是由哭与笑、风雨与彩虹、成功与失败组成的。而乐观与悲观，就像是阳光与阴影存在于我们的生活中，如何拥有乐观的心态，每天微笑地迎接风雨和彩虹，面对现实，面对困难和挫折，是青少年掌握人生命运所必须具备的心态之一。

里根是美国第 40 任总统，他的乐观和自信给世人留下了深刻的印象。他的这种性格来源于他的少年时代。

当里根还是一个小男孩儿的时候，有一次，父母把他锁在一间堆着马粪的屋子里，要他体验一下生活的艰辛。一段时间后，父母有些放心不下，就到屋里去看他。哪料到，他非但没有哭闹，反而兴致勃勃地铲着那些马粪。他对着惊讶的父母兴奋地说道："周围这么多马粪，我知道，在这附近的什么地方，准有个小马驹。"

这个寻找小马驹的男孩儿就在乐观的情绪中一天天长大，虽然他的家庭从没富裕过，甚至在萧条时期几乎破产，但在里根的记忆中，生活大都是幸福美好的。即使是在总统大选中遇到挫折，前景黯淡时，里根仍保持着他的乐观。

面对现实，以及生存的竞争，怎样才能使自己保持乐观的心态，使乐观成为不可或缺的维生素，来滋养自己的生命呢？

对于每个人来说，乐观两个字都是说起来容易做起来难，对于青少年来说自然也一样。英国思想家伯特兰·罗素曾说过："人类各种各样的不快乐，一部分根源于外在的社会环境，一部分根源于内在的个人心理。"也就是说，悲观随处可以找到，但要做到乐观就需要智慧，必须付出努力、敢于面对现实，才能使自己保持一种人生处处充满生机的心境。

青少年不论何时何地，不论做什么事，都要端正自己对生活、工作及学习的态度。要学会用积极的心态去发现生活中人或事美好的一面，热情地生活，愉快地工作，轻松地学习，以乐观、旷达的胸怀面对每一天。

♡—| 学姐寄语 |—♡

不要再抱怨命运的不公，也不要再抱怨上天给予你太多的磨难，无论在多么困难恶劣的环境里，换一种观点，换一种眼光换一种心态看待所遇到的每一件事。青少年应该努力让自己拥有积极进取的阳光心态，乐观地对待生命中的风雨和彩虹。

坦然前行，只有今天属于自己

泰戈尔说："如果你因为错过太阳而流泪，那么你也将错过月亮和星辰。"总有人一味地沉溺在已经发生的事情中，不停地抱怨，不断地自责，长期这样，就会把自己的心境弄得越来越沮丧。像这类只看到眼前困境而一味抱怨的人，注定会活在愚昧的混沌状态中，永远看不见人生的前方正亮着一片明朗的天空。

所以，黯然神伤无济于事，懊恼郁闷也不起作用，只有一心向着目标走，才是最好的选择。

当然，你完全不必转而去讨好这个人，也没必要和他达成一致意见，甚至你继续厌烦他也无妨。但你一定要清楚，不能将他制造的麻烦转变成你的烦恼。无论你为此多么愤怒，他都不会为你而失眠。如果因为他的过错而使你陷入无尽的烦闷悲伤之中，你就成了唯一受到伤害的人，而且，是你自己在强化这种伤害的深度和长度。

◆ 别为过去的失误惋惜

漫漫人生路，总会伴随许多困难、挫折，重要的不是你失去了什么，而是你学会了什么，得到了什么。你每做一件事情，都会有经验和教训产生，经验固然可贵，教训也是不容忽视的。但你不能沉湎于教训的打击中，因为你还要前进。

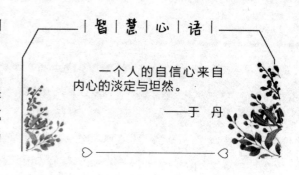

| 智 | 慧 | 心 | 语 |

一个人的自信心来自内心的淡定与坦然。

——于 丹

生活中，不要整天为过去的错误而悔恨，为过去的失误而惋惜。因为，沉溺于过去的错误之中，不管对于事业还是生活，都是一大障碍。

英国前首相劳合·乔治有一个习惯——随手关上身后的门。有人问他为什么这么做。乔治说："我这一生都在关我身后的门。你知道，这是必须做的事。当你关门时，也将过去的一切留在门后，不管是美好的成就，还是让人懊恼的失误，然后，你又可以重新开始。"乔治正是凭着这种精神一步一步走向了成功，坐上了英国首相的位置。"我这一生都在关我身后的门"是多么经典的一句话！如果对自己的失误或错误总是背着沉重的怀旧包袱，为逝去的流年感伤不已，那只会白白耗费眼前的大好时光，也就等于放弃了现在和未来。追悔过去，只能失掉现在；失掉现在，哪有未来？

◆ 忘记过去，重新开始

要想发挥自己的潜能，取得事业的成功，必须勇于忘却过去的不幸，重新开始新的生活。

英国史学家卡莱尔耗尽心血，历经多年的艰辛努力，总算完成了《法国大革命史》的全部文稿，他将这本巨著的原件送给他的朋友米尔阅读，请米尔批评指教。谁知没过多久，米尔脸色苍白、浑身颤抖地跑来，告诉卡莱尔一个悲惨的消息。原来《法国大革命史》的原稿，除了少数几张散页外，已经全被他家的女佣当作废纸，丢入火炉化为灰烬了。绝望陡然间充塞卡莱尔的心，因为这是他呕心沥血、多年辛苦耕耘的成果，当初他每写完一章，随手就把原来的笔记撕成碎片，所以没有留下任何备份。但第二天，卡莱尔就调整好心态，重新振作精神，又买了一大沓稿纸。后来他说："这一切就像我把笔记本交给小学老师批改时，老师对我说：'不行！孩子，你一定要写得更好些！'"而我们现在所看到的《法国大革命史》，正是卡莱尔重新写过的。

在时间的长河里，昨天已经过去了，明天还没有来，只有今天属于自己。但很多时候，人们却把时间用在了沉湎往事上，用在了对往事中某些失误的悔恨上。为已经过去的事情忏悔、愁闷、叹息，实在是毫无价值的。因为这样做不但浪费了你的时间，也浪费了你的精力。

♡—| 学姐寄语 |—♡

在我们以后的成长过程中，随手关上身后的门，将一切做得更好些。对于任何人来说，今天过去了，还有明天，把握住明天就会有作为。过去的就让它过去，只有抓住现在，珍惜今天的拥有，做好现在我们该做的事情，才会拥有一个美好的明天。

别被虚伪吞噬了灵魂

世界上没有人愿意与虚伪的人相处。假如你对朋友也很虚伪的话，就要学着改变自己。

埃德蒙·伯克说过："虚伪喜欢躲藏在最高尚的思考之中。它从来企图脱离思考，因为思考能使它不费吹灰之力就获得高尚的美名。"富兰克林也说过："在这个世界上的众多事务中，人们所以得到拯救，并非由于忠诚，而是由于缺乏忠诚。"泰戈尔说过："虚伪永远不能凭借它生长在权力中而变成真实。"

意大利首饰商人墨莱基到伦敦参加宝石拍卖会。他见邻座一个穿着普通的老者，戴着镶有十几颗宝石的手表。墨莱基问："您的宝石手表很值钱吧？"

老者微笑着答道："哪里，不过是普通的手表。"墨莱基闻此，便口若悬河地炫耀自己拥有多少颗珍贵的宝石，并且无视别人的冷眼，大谈鉴别假宝石的方法。拍卖会快结束时，墨莱基以5万英镑拍下了一颗孔雀蓝宝石。当墨莱基拿到那颗宝石后，老者走到他面前说："刚才你炫耀自己是鉴别宝石的行家，我才没提醒你，不想你却买下了它，这颗宝石你至少多花了 2 万英镑。"

墨莱基这时才知，他面前的老者是拥资 200 亿英镑、位居世界佩饰业富豪榜首的珠宝大亨格拉夫。

山外有山，人外有人。青少年们，不管是在生活还是学习中，我们都要保持谦虚的态度。取得一点点小成绩，有一点点作为，不需要去炫耀，因为比自己强的人还有很多。真正有能力的人，都不喜欢炫耀。因为已经拥有，根本不必炫耀。

从某种意义上说，虚伪是一种心理特征。心里明明希望这样子，但是语言上或行为上却恰恰相反，虚伪的目的是不愿被人知道自己内心真正的想法，或者是试图对别人的反应所做的试探。其出发点往往是为了保护自己，修饰自己的外在表现。这种表现在当今的青少年中很常见，也是影响青少年交往的主要障碍。

怀有虚伪心理的学生，他们不会把自己的虚伪展示在众人面前，他们会把自己伪装成一位天真的青少年，看上去与其他真诚而无心机的同学一样。人偶尔虚伪一下没关系，也符合人的本性，但如果虚伪成性，那么这个人的人品就值得怀疑了。

虚伪是人际交往中的大忌，是破坏人际关系的魔鬼。

◆ 虚伪害人害己

虚伪的真诚，比魔鬼还可怕。青少年之所以会产生虚伪的心理，是因为他们过于好强，碍于面子。比如，为了证明自己比别人强，就算是没有把握的事情，他们也会选择去做，或是碍于面子问题，而不好拒绝某人的请求。

另外，他们之所以虚伪，是由于他们还处于心理与身体的成长与发育期，各方面还不成熟，好攀比，追求享乐所造成的。

A 同学看到 B 同学的鞋子是某品牌，为了在气势上不输给他，就说："算了吧，我要是想要，我爸爸妈妈肯定会给我买的。拿上个星期来说吧，我和妈妈一起出去逛街，妈妈看到一套特别漂亮的衣服，都不问价钱就非要给我买，要不是我拦着，我早就穿在身上

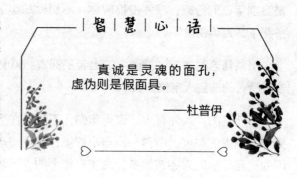

|智|慧|心|语|

真诚是灵魂的面孔，
虚伪则是假面具。

——杜普伊

了，还轮得到你在这里炫耀你那双鞋子？那套衣服不知道比你这双鞋子贵多少倍呢！我之所以不想要是因为觉得我爸爸妈妈挣钱不容易，而且老师也说了要以勤俭为德嘛。"

当今，造成青少年虚伪心理的原因也与不当的家教有关。在家庭生活中，父母总是把自己认为最好的教给孩子，不管他们是否喜欢，是否愿意接受。如果孩子不愿意接受，他们就用一大堆道理进行轰炸，直到孩子听话。但是，有的孩子为了图个省心和省力，也避免父母的轰炸，就开始了他们的"虚伪"计划。

虚伪之人往往都是自身的心理问题在作祟，他们常常把自己真实的一面掩藏起来，露出本不属于他的一面。这样的人心理压力大，因为他们总是扮演着不同的角色，不单自己累，他们身边的人也很累。

◆ **虚伪语言害处多**

俗话说：针孔的伤口虽然小，但是毒性大；虚伪的语言虽然婉转，但是害处多。宁愿听痛苦的实话，也不要靠假话求开脱。格拉宁也说过：虚伪不可能创造任何东西，因为虚伪本身什么也不是。虚伪就是表里不一、口是心非、口蜜腹剑、笑里藏刀，虚伪就是违心的恭维。

要改变虚伪的习惯就要先改变自己，青少年应该认识到，虚伪是人性丑陋的一面。在与朋友相处时，如果口是心非，是很难得到朋友的信任的，也得不到真正的友谊。另外，对自己的危害也极大，例如，在课堂上老师

问同学们："是否理解了今天所讲的内容？"你看到其他同学都举起了手，表示已经完全理解，唯独自己没有理解，但为了隐藏自己的愚笨，便同其他同学一起举起了手，假装也理解了。这种口是心非的做法对自己是很有害的。

既然虚伪是人性丑陋的一面，我们自己就应该改变，不要试图去改变别人，只要自己不虚伪并能为别人着想，多忍耐就可以了，这样生活的会更快乐。

面对带有虚伪心理的青少年，最主要的是消除他们内心的芥蒂，让他们在外人面前没有心理负担，不必戴着面具生活，还他们本来的面目。

♡—| 学 姐 寄 语 |—♡

要改变伪善的性格，真正纠正青少年中的伪善之风，必须对现实的社会风气进行系统研究，针对造成这一问题的思想根源，采取切实有效的措施，改善社会风气，使之成为青少年心灵成长的适宜土壤。

其实，幸福很简单

幸福究竟是什么？其实，幸福很简单。幸福是空气，围绕在我们身旁，随时都可以感受得到；幸福是小鸟，欢快的叫声我们总能听到，但却无法轻易地抓到；幸福是一杯水，虽然平淡却真切；幸福就是心灵深处那一抹香，清淡而充实。其实，幸福就在我们的心中，当我们因为某件事情感到满足和快乐的时候，在我们脸上或心中浮现出的就是幸福的痕迹。

◆ 幸福，来自心灵的体验

幸福是一种来自心灵深处的体验，它与一个人的生活状况无关，而是取决于一个人的内心感受。我们常说的"知足者常乐"就是这个道理，一个人只有学会自我满足才能感受到幸福。幸福是自己给的，也许别人不觉得我们幸福，但只要我们能自得其乐，便会从中找到幸福的理由。

做自己喜欢做的事情，实现自己的愿望，就是幸福。一个人在烈日炎炎的田里劳作，累得满头大汗，别人觉得他为了生计实在太辛苦，但只要

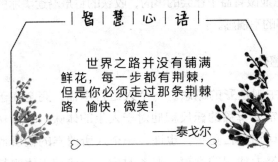

| 智 | 慧 | 心 | 语 |

世界之路并没有铺满鲜花，每一步都有荆棘，但是你必须走过那条荆棘路，愉快，微笑！

——泰戈尔

他自己觉得是幸福的，那别人的感觉根本不重要；而一个人在花园里悠闲地散着步，别人很羡慕他的悠闲，但他自己却感受不到一点幸福，那就算别人再羡慕，他也感觉不到幸福所在。

其实就是这么简单，同样的情境，不同的人会有不同的心境，结果自然也是不同的。当你觉得你是幸福的那你就是幸福的，幸福与不幸福其实都在自己的心中。

有一位教师，教的是一群患有先天性残疾的孩子。

一次，她讲到"幸福"这个词的时候，忽然顿住了，因为她不知道该怎样向这些不幸的孩子们诠释这个美好的字眼儿，从小到大，他们似乎根本就没有过关于幸福的体验。

后来，这位聪明的教师将孩子们分成面对面的两组，一组是失明的孩子，一组是聋哑的孩子。在她的引导下，失明的孩子说，最期盼的事是见到阳光；聋哑的孩子打手语说，最渴望的事是听到声音。通过她的传递，两组孩子互换了答案，于是，孩子们终于知道了什么叫"幸福"。

这位教师简直就是一位伟大的天使！而这群孩子也是幸运的，他们在"天使"的指引下，真切地体悟到了人生最宝贵的真谛——幸福其实并不遥远，它既在你的对面，也在你的身边，而最重要的一点是：每个人都有自己的幸福！

用一颗纯净的心去敏锐地洞察世界，发现幸福，将之收藏在内心深处的情感匣中。迟早有一天，我们内心深处的每一个角落都会成为幸福流淌的地方，不时开启我们的心门，我们会永远获得幸福。

在漫长而短暂的人生路上，我们携着希望一路播撒幸福的种子，默默地为他人付出，勤勤恳恳地做有益于社会的事时，收获的将是沿途美丽的风景，是感动对方后获得的幸福感。

◆ **幸福在于自己的感受**

幸福是一个最具有主观色彩的概念。一个人是否幸福，完全在于他内心的感受，在于他定义幸福的标尺和他对于人生的体味，幸福从来就没有绝对的标准，可谓见仁见智。也许，一个人所遗弃的他所谓的不幸，正是另一个人努力找寻的幸福。很多时候，当我们正体恤某个人孤单寂寞时，却不知他正专注于自己的爱好和研究，幸福到了陶醉的地步；而有时，让我们羡慕不已的"幸福者"，却往往会做出"身在福中不知福"的事。幸福就是这样一种东西，掌握在我们每个人的手中。我们常说要追求幸福，就是要努力达到心中界定的那个幸福的标准，这个过程也许会有艰难险阻，也许会山高路远，甚至需要付出生命。但只要认定那就是心中的幸福所在，我们就不会怨天尤人，就不会在意旁人的冷嘲热讽，因为追求幸福的路上我们活得快乐、舒心而充实！

一个 20 出头的年轻小伙子急匆匆地走在路上，对路边的景色和过往的行人全然不顾。一个人拦住了他，问："小伙子，你为何行色匆匆啊？"小伙子头也不回，飞快地向前跑着，只泛泛地甩了一句："别拦我，我在寻求幸福。"

转眼 20 年过去了，小伙子已变成中年人，他依然在路上疾驰。又一个人拦住了他："喂，伙计，你在忙什么呀？""别拦我，我在寻求幸福。"

又是 20 年过去了，这个中年人已成了一个面色憔悴、老眼昏花的老头，还在路上挣扎着向前挪。一个人拦住他："老头子，还在寻找你的幸福吗？"

"是啊。"

当老头回答完别人的问话时，猛地惊醒，两行眼泪掉了下来。原来刚问他问题的那个人，就是幸福之神，他寻找了一辈子，可幸福之神实际上就在他旁边。

幸福是生活中的点点滴滴，原本很平常的生活细节，如果我们用心去感受，就能体会到其中的幸福滋味。有了幸福，我们才能感受到每天上学出门前，母亲那不厌其烦的叮嘱中所包含的牵挂和母亲发自内心的真情流露；有了幸福，我们才能全身心地投入到学习中，早出晚归，废寝忘食；有了幸福，我们的生活才有这么多的感动，这么多的意义！

♡—| 学 姐 寄 语 |—♡

真正幸福的感觉来自于心灵深处，它美好、快乐而又充实，我们每个人都有权利去追求幸福，而且每个人的机会都均等！只要用心去感受，去体会，我们会发现，幸福离我们如此之近，它唾手可得。

逃难不忘读书

大咖故事会

黄宗羲一生勤奋读书，学识非常广博，留下了许多名著。他父亲是"东林"名士。在黄宗羲14岁那年，父亲被奸臣害死，他满怀为父亲申冤报仇的决心，跟着老师刘宗周刻苦学习，经常流着泪读书，直至深夜。少年时代的勤学，为他以后的成就奠定了坚实的基础。

明朝灭亡以后，他又奋不顾身地参加抗清斗争。黄宗羲召集黄竹浦数百人组成"世忠营"参加反清战斗，达数年之久。

有一次，黄宗羲被清兵围困，当时的情况十分紧急，很多人急得吃不下，睡不着。他却不慌不忙，一面指挥士兵守寨等待援兵，一面在船中研究历法。别人对此非常不理解，问他："逃难的时候，是命重要还是书重要啊？"他回答道："书就是我的命啊，如果不读书，不思考，要命何用？"

抗清斗争失败后，他返乡闭门著述，清廷屡次诏征他出来做官，他都辞了。

到了晚年，生活稍为安定些，黄宗羲学习更加勤奋。80岁以后，黄宗羲老眼昏花，仍然读书不辍。他一边读一边在书上画各种记号。他的书很多，为了互相参考着读，书放得到处都是。但是只要问一下黄宗羲，他就可以很快地把要找的书找出来。

正是这样的勤奋不懈，让黄宗羲在书山之中找到了治世的良方。他的《明夷待访录》从"民本"的立场来抨击"家天下"的君主专制制度，向世人传递了光芒四射的"民主"精神，这在当时黑暗无比的社会环境下是极其难能可贵的，堪称中国思想启蒙第一人。

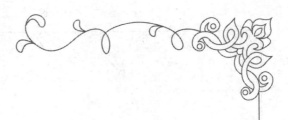

PART 02
直面生活的挫折

每个人都不是步步栽跟头的倒霉蛋，更没有人是一帆风顺的命运的宠儿。生活并不完全是你看到的样子。如果你知道了这些，你就不会太在意现在的得与失。看淡那些事情，平静而踏实地经历生活的起落，相信你会生活得更好。

荣誉和舒适是难得同床共枕的。

——［英］托·富勒

敞开心灵接受失败

我们成长的过程曲折坎坷，总是伴随着辛酸与烦恼。而挫折好比一块磨刀石，我们的生命只有经历了它的打磨，才能闪耀出夺目的光芒。

古人云："不经一番寒彻骨，怎得梅花扑鼻香。"失败是每个人都会遇到的，关键是你要怎样看待失败，从失败中汲取经验和教训，把失败当作成功的阶梯。反之，被失败压垮或在失败中消沉，失败将紧随于你，使你的人生一事无成。所以，面对失败，不要害怕，一切都可以重新开始，希望就在前方。保持一颗乐观的心态看待失败，只有这样你才能永远立于不败之地。

◆ 失败是人走向成功的必经之路

人活世间，我们所走的历程，大部分是由层层叠叠的挫折、失败所堆积起来的。其实，失败是常事，很多人都是在起落不定、得失无常中，感受着欢喜或痛心。

刘阳是一位有理想、有抱负的学生，在大学里他所学的专业是食品工程，他对于整合食品营养方面颇有见识和看法。

20世纪80年代末，他刚刚毕业就找到一份薪资很高的工作，而且还是专业对口的食品厂的科研工作。但是他不甘于就这样为别人做事，他想有自己的工厂，有自己的事业。于是，他放弃了这份工作，搞起了粉丝加工生意。很快，他的工厂就建起来了，没想到的是，由于所选产品的工艺技术有问题，生产出的粉丝质量不过关，虽然已经找到了解决的方法，却没钱把粉丝厂继续办下去。就这样，他把自己所有的积蓄和借来的十几万元赔得一干二净，他的第一次创业以失败告终。

失去事业的刘阳还是不服输，又开始了他的第二次创业。这次他重新选择了一种效益不错的项目——开发新品种肉松。刚开始的时候生意还不错，有着或多或少的利润，使他还清了以前所欠下的债务。但好景不长，肉松市场的假冒伪劣产品也越来越多。当时，在他厂里所做的肉松一斤的成本价格就需13元左右，而市场上的一些假冒伪劣肉松才卖9元一斤，这样一来，他的产品就没有了市场，很快第二次创业又以失败结束。

"屡战屡败，越挫越勇"，用这八个字来形容他是最好不过的。在经受前两次打击之后，他仍不服输，不向失败低头，再次开始了他的第三次创业。这一次，他开了一家早餐配送中心，正应验了"失败是成功的积累"这句话，他终于成功了，而且还在当地小有名气。

没有输过的，不算赢家。事实告诉我们：失败是人走向成功不能缺少的经历，失败是人必须学习的一件事，不要用"不可能""不行"来否定自己，更不要害怕失败，挫折是暂时的，鼓起勇气，去战胜新的困难，去迎接新的明天。只有仔细回味，才能真正领会感悟人生的乐趣；只有敢于挑战艰难挫折，才能真正地改变自己的命运。有起起落落的成功与失败，有输有赢，才是完整的人生，也只有在战胜了人生挫折以后，才能使自己变得更加强大，真正走向成功。

◆ 不要把失败看得不可挽回

人的一生不可能是风平浪静的，总会或多或少地遇到一些阻止自己前

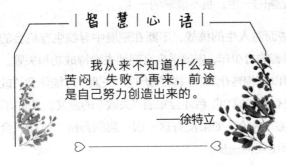

我从来不知道什么是苦闷，失败了再来，前途是自己努力创造出来的。

——徐特立

进的障碍物。至于是搬开石头继续向前走，还是绊死在一块石头上，完全在于自己的态度。同样是一次失败，有些人开怀大笑，认为那是自己最成功的事情，因为他很清楚，同一种错误他不会再犯第二次，所以他们总以"失败是成功之母"为座右铭；而另一部分人，面对失败便心灰意冷，不断地回想着自己的失误，生活在回忆的阴影之中，所以他们总会说："我的天空在下雨。"

华罗庚中学毕业后，因交不起学费而被迫失学。回到家乡，他一面帮父亲干活，一面继续顽强地读书自学。不久，又身染伤寒，病势垂危。他在床上躺了半年，病痊愈后，却落下了终身的残疾——左腿的关节变形，瘸了。当时，他只有19岁，在那迷茫、困惑、近似绝望的日子里，他想起了双腿被废后仍著兵法的孙膑。"古人尚能身残志不残，我才只有19岁，更没理由自暴自弃，我要用健全的头脑，代替不健全的双腿！"青年华罗庚就是这样顽强地和命运抗争。

白天，他拖着病腿，忍着关节剧烈的疼痛，挂着拐杖一颠一颠地干活，晚上，他在油灯下自学到深夜。1930年，他的论文在《科学》杂志上发表了，这篇论文惊动了清华大学数学系主任熊庆来教授。熊教授了解到华罗庚的自学经历和数学才华后，打破常规，让华罗庚进入清华大学任职。

在名家云集的清华园，华罗庚一边做助理员的工作，一边在数学系旁听，还自学了英文、德文、法文和日文，发表了数篇论文。他25岁时，已是蜚声国际的青年学者了。

不经历风雨怎能见彩虹！失败是步向成功的垫脚石。在人完整圆满的一生中，在一个生命周期的轨迹里，必定要亲身经历多次失败，必定要经常品饮失败的苦酒，必定要时常抚摸失败创伤的心灵瘢痕。一个人没有经历过失败的一生，是不完整的一生，是不成熟的一生。

真正成功的人是那些面对人生的挑战，不断在逆境中寻找生存机会的人。作为一个有志向的理智的青少年，应该学会客观地去看待成功与失败。"成功"和"失败"是可以互相转化的，只有经历过"失败"才能体会"成功"是何等的珍贵；也只有在"成功"后才会知道"失败"的意义。"成功"的前面是用"失败"砌成的台阶，如果没有这一层一层的台阶，可能只会永远呆站在原地，无法迈出任何一步。

♡—| 学 姐 寄 语 |—♡

我们应该正确地看待失败，要允许自己失败，不要把失败看成一种不可挽回的错误。"塞翁失马，焉知非福。"也许一次失败，会成为重大转折，反而给予你人生辉煌的动力。此时此地的失败不代表彼时彼地的失败，今天的失败不代表明天的失败，用这种泰然处之的心态对待失败，就会不停地奋斗和努力，最终获得成功。

淡定于心，从容于行

从容，是镇定自若、安之若素的心理素质。遇事不急不躁，理智地看待问题，生活和工作中怀揣一颗感恩之心，学会赞美，享受一份从容淡定。

◆ 快乐就是一种从容

说到从容，我们自然而然就会想到"从容不迫"。由此可见，从容是在"迫"（急迫、紧迫、压迫、强迫等）的情形下的一种不屈不就、不昏不乱、不慌不急、镇定自若、安之若素、稳如泰山的心理素质和精神状态。

姜太公姓姜名尚，又名吕尚，是辅佐周文王、周武王灭商的功臣。他在没有得到文王重用的时候，隐居在陕西渭水边一个地方。那里是周族领袖姬昌（即周文王）统治的地区，他希望能引起姬昌对自己的注意，建立功业。

姜太公常在磻溪垂钓。一般人钓鱼，都是用弯钩，上面挂着有香味的饵食，然后把它沉在水里，诱骗鱼儿上钩。但姜太公的钓钩是直的，上面不挂鱼饵，也不沉到水里，并且离水面三尺高。他一边高高举起钓竿，一边自言自语道："不想活的鱼儿呀，你们愿意的话，就自己上钩吧！"

一天，有个打柴的来到溪边，见姜太公用不放鱼饵的直钩在水面上钓鱼，便对他说："老先生，像你这样钓鱼，一百年也钓不到一条鱼的！"

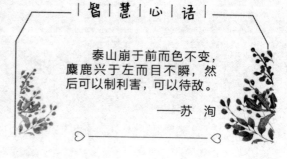

| 智 | 慧 | 心 | 语 |

泰山崩于前而色不变，麋鹿兴于左而目不瞬，然后可以制利害，可以待敌。

——苏洵

姜太公举了举钓竿，说："跟你说实话吧，我不是为了钓到鱼，而是为了钓到王与侯！"

姜太公奇特的钓鱼方法，终于传到了姬昌那里。姬昌知道后，派一名士兵去叫他来。但姜太公并不理睬这个士兵，只顾自己钓鱼，并自言自语道："钓啊，钓啊，鱼儿不上钩，虾儿来胡闹！"

姬昌听了士兵的禀报后，改派一名官员去请姜太公来。可是姜太公依然不搭理，边钓边说："钓啊，钓啊，大鱼不上钩，小鱼别胡闹！"

姬昌这才意识到，这个钓者必是位贤才，要亲自去请他才行。于是他吃了三天素，洗了澡换了衣服，带着厚礼，前往磻溪去聘请姜太公。姜太公见他诚心诚意来聘请自己，便答应为他效力。

后来，姜太公辅佐文王，兴邦立国，还帮助文王的儿子武王姬发灭掉了商朝，被武王封于齐地营丘建立齐国，实现了自己建功立业的愿望。

从容是一种快乐、一种自由。从容的人生是自我解放的人生，是由苦闷人生向快乐人生不断迈进。

◆ 从容面对，转机就在背后

从容淡定，意味着冷静的现实主义。对世界、社会和他人，不抱过高的期望。知道正义也可能常常迟到，公正永远是相对的，永远没有完美的现实，有的只是庸碌凡俗的世人，以及随时可能会裂变霉变的脆弱人性……有了这种冷静的态度，遇到不公正、遇到误解、遇到委屈，就不会伤心，就不会怨天尤人，更不会自怨自艾，而是咬紧牙关，苦练内功，"面壁十年图破壁"，等待和寻找胜出的机会。

苏轼豪气冲天，无人不知，无人不晓，也许正是他的豪气给他带来了危机，使他从仕途的高峰跌落到低谷，从皇帝、太后都欣赏的才子变成倒霉的迁客，但黄州这个众人眼中的荒凉小镇，却给苏轼带来了人生的转折。

在黄州，他感到难言的孤独，正是这孤独，使他彻底洗去人生的浮华。他从容面对，开始寻找人世间的大美——山水，开始寻找人世间的大哲——先贤。所有这一切危机苦难，反而使他彻底脱胎换骨，使他真正走向成熟。于是，千古杰作《念奴娇·赤壁怀古》《赤壁赋》和《后赤壁赋》诞生了。

"被贬"对一个高官来说是政治生涯的危机，但苏轼从容面对，不沉沦堕落，开辟了一条新的人生道路，所以说，恰恰是"危机"成就了一代文杰。危机只有在人淡定从容、积极有为的情况下才能变成转机。

♡—| 学姐寄语 |—♡

从容淡定，意味着有所抗争有所不争，有所为有所不为。凡有利于社会、有利于个人长远成长的事，就努力做，排除干扰地做；而不利于社会、不利于个人长远发展的事，就不做。

决不因为挫折而放弃行动

如今的青少年们，在享受着独生子女优越条件的同时，也承受着不同寻常的压力。父母的期望、无形的压力经常压得青少年喘不过气来。

青少年遇到的所谓挫折，就是指日常生活中的挫败、失意，在心理学上是指个体在从事有目的的活动中遇到的障碍、干扰，致使个人目标不能实现，个人需要不能满足而引发的一种消极的心理状态。挫折感是一种普遍存在的心理现象，青少年无论是在生活上还是学习上都会遇到许多不同的挫折。面对失败，面对挫折，面对黑暗，相信只要心中充满阳光，就能走出一条光明的道路。因为，面对失败与障碍，光明是不怕一次又一次挫折的。

◆ 现实不因为逃避就不存在了

春天是生机勃勃、万物复苏的季节，美丽的春天就像我们的青春一样，春天美丽的景色就像我们的花样年华一样。俗话说得好："一日之计在于晨，一年之计在于春。"我们正处在朝气蓬勃的青春时期，我们应为以后的美好生活而努力学习，去实现自己的理想。春天的小草被我们踩了一次又一次，它们是多么坚强，总是不向命运低头，一次次地将被我们踩弯了的身子挺直。我们学习不也应该是这样吗？不怕失败，勇敢地面对挫折。这一次考试失败了，怕什么，回去好好复习，不会的多问同学和老师，找出失败的原因总结经验，再考过，百折不挠，坚持不懈，总有一次会成功的。如果只想逃避这些，下次考试照样是失败。所以，青少年要学着去面对这些人生挫折，然后找出原因，解决它。

巴雷尼小时候因病落下残疾，母亲的心就像刀绞一样，但她还是强忍住自己的悲痛。她想，孩子现在最需要的是鼓励和帮助，而不是妈妈的眼泪。母亲来到巴雷尼的病床前，拉着他的手说："孩子，妈妈相信你是个有志气的人，希望你能用自己的双腿，在人生的道路上勇敢地走下去！好巴雷尼，你能够答应妈妈吗？"

母亲的话，像铁锤一样撞击着巴雷尼的心扉，他"哇"地一声，扑到母亲怀里大哭起来。从那以后，妈妈只要一有空，就帮巴雷尼练习走路，做体操，常常累得满头大汗。

有一次妈妈得了重感冒，她想，做母亲的不仅要言传，还要身教。尽管发着高烧，她还是下床按计划帮助巴雷尼练习走路。黄豆般的汗水从妈妈脸上淌下来，她用干毛巾擦擦，咬紧牙，硬是帮巴雷尼完成了当天的锻炼计划。体育锻炼弥补了由于残疾给巴雷尼带来的不便。母亲的榜样作用，更是深深教育了巴雷尼，他终于经受住了命运给他的残酷打击。他刻苦学习，学习成绩一直在班上名列前茅。最后，他以优异的成绩考进了维也纳大学医学院。

大学毕业后，巴雷尼以全部精力致力于耳科神经学的研究。最后，终于登上了诺贝尔生理学和医学奖的领奖台。

勇敢地面对挫折，挫而不败，坚持不懈地去努力，去孕育理想，为理想而奋斗，只要不相信自己比别人差，就没有人会把我们打败，那个打败自己的人只有自己。

一位女作家在纽约街头遇到一位卖花的老太太。她看上去穿着破旧，身子也很虚弱，但脸上却满是喜悦。女作家很好奇地挑了一朵花，说："您看上去很高兴，有什么很高兴的事吗？""没有，但为什么不高兴呢？一切都这么美好。""您很能承担烦恼，忍耐困难。"女作家又说。老太太的回答更令人吃惊："耶稣在星期五被钉在

| 智 | 慧 | 心 | 语 |

什么叫作失败？失败是到达较佳境地的第一步。

——菲里浦斯

十字架上时，那是全世界最糟糕、最黑暗的一天，可三天后就是复活节了。所以，当我遇到不幸时，就会等待三天，一切就恢复正常了。"一位如此平凡的卖花老人，却拥有一颗那么不平凡的、不怕挫折的心。她用积极向上的态度面对生活给她带来的苦难。

曾经听过这样一句比喻："每个人的心都像一个水晶球一样，晶莹剔透，若遭遇不测，忠于生命的人，总是将五颜六色折射到自己生命中的每一个角落。"事实也确实如此，当遭遇到挫折时，当陷入苦难无法自拔时，不要灰心，不要绝望，无论已经失去了什么，你仍然拥有你最珍贵的东西，那就是生命。请站在镜子前露出微笑，因为当你微笑的时候，世界上的一切也在对你微笑，快乐就会重新出现，苦难就会过去。时间终究会冲淡一切痛苦，一切伤痛，一切不如意都会成为过去。

◆ 以积极的态度面对挫折

丘吉尔一生最精彩的演讲，是他最后一次演讲。

在剑桥大学的一次毕业典礼上，整个会堂有上万名学生，他们正在等候丘吉尔的出现。正在这时，丘吉尔在随从的陪同下走进了会场，并慢慢地走向讲台。他脱下大衣交给随从，然后又摘下帽子，默默地注视着所有的听众，一分钟后，丘吉尔说了一句话："Never give up！"（永不放弃）说完后他穿上大衣，戴上帽子，离开了会场。这时整个会场鸦雀无声，一分钟后，掌声雷动。

永不放弃有两个原则，第一个原则是：永不放弃。第二个原则是：当你想放弃时，请回头看第一个原则！

有时候，成功者与失败者的区别就在于：失败者走了九十九步，而成功者坚持走完了第一百步。失败者跌倒的次数比成功者多一次，而成功者站起来的次数比失败者多一次。当你走到第一千步时，有可能还是失败，但成功却往往躲在拐角的后面，这时你拐个弯，就有可能会成功。

在现实生活中，往往有许多人对失败这个结论下得太早，遇到一点点挫折就对自己产生怀疑，就偃旗息鼓，不再做第二次、第三次的尝试，结果导致半途而废。面对困难一定要有一种屡败屡战的战斗精神，因为阳光总在风雨后，经得起风雨，你就可能是最后的胜利者。认定你前面既定的目标，告诉自己"永不放弃"，你就会成为最终的赢家！

实际上，每个人的人生之路都是有坎坷的，主要取决于你如何面对。古今中外，任何一个人在成长的道路上，都会遇到这样那样的困难和挫折，挫折感是普遍存在的一种心理现象。英国哲学家培根说过："超越自然的奇迹多是在对逆境的征服中出现的。"那么作为青少年应该如何面对挫折呢？

1. 要明确挫折是任何人都不能避免的，它具有普遍性和客观性。当设立的目标与实际产生差异时，当尽了最大努力还不能完成看来似乎不太高的目标时，当观念与社会相抵触时，当认为合理的要求得不到满足时，当升学考试落榜时等，都会让人感觉有一种挫败感。其实，只要摆正心态，这些都不能使我们停下前进的脚步。鲁迅也曾彷徨过，贝多芬还曾想过自杀，但他们都顽强地战胜了自己的消沉和迷茫，通过自己的努力，最终坚定地走向了成功。

2. 要明确挫折并不可怕，挫折和磨难，可以给人造成打击，带来悲伤和痛苦，但也能使人变得坚强起来！曾经听过这样一句名言："人的生命似洪水在奔腾，不遇岛屿和暗礁，难以激起美丽的浪花。"举个例子：春秋时期的越王勾践，被吴国打败后成了吴王的奴仆，但他并没有就此灰心丧志，而是卧薪尝胆，最后他率军如愿以偿地打败了吴国。因此，不要害怕挫折，只要吸取教训，不被困难打倒，不放弃自己的目标，就有重来的机会，在新的起跑线上搏击，去争取下一个胜利！

3.当面对挫折时，要善于进行心理调节，保持良好的心态，摆脱挫折感。法国著名作家罗曼·罗兰说："人生是一场无休止的激烈搏斗。要做一个真正的人，就得随时准备面对无形的敌人，面对存在于自己身上能致你于死地的那股力量，面对那乱人心智引你走向堕落和毁灭的糊涂念头。"所以，当挫折来临时，正确地面对挫折，不要因为挫折而放弃自己的行动。否则，我们所做的努力就全都白费了。

作为新一代的青少年，我们是祖国的未来，要努力学习，相信没有过不去的河，勇敢地面对挫折，绝不因为一点小小的挫折而放弃自己的行动，否则我们就显得太懦弱了。

学姐寄语

我们每个人的成长过程都是既曲折又坎坷的，总是伴随着辛酸与泪水，而挫折好比一块磨刀石，我们只有经历了它的磨炼，才能闪耀出夺目的光芒，经历了挫折的成长更有意义，有时候挫折是一笔财富，多少次艰辛的求索，多少次含泪的跌倒与爬起，都如同花开花谢一般，是我们人生道路上一道靓丽的风景。

在失败中拾起教训

　　人的成长，要经历无数生命的体验和阅历的堆积。我们从无知的少年时期迈入蒙眬的青年时期，继而进入才能与智慧并存的中年时期。人生的岔路口很多，我们要用自己的智慧加以评断，并慎重地选择。在选择之后，就必须从容地面对，无论是什么样的艰难险阻，什么样的铜墙铁壁，我们都不可以逃避，不可以退缩，逃避的、退缩的是懦夫，而总是逃避的，他将失去许多学习的机会，他将不会成长。倒下了有什么可怕的？从哪里倒下，就从哪里爬起来，趁着我们还年轻，在错误面前，我们还有时间去修复，去完善。失败是成功之母，我们在失败中拾起教训，为下一步成功搭建起一座桥梁。

◆ 人生总有一些弯路要走

　　在人生的路上，有一条路每个人非走不可，那就是年轻时候的弯路。不摔跟头，不碰壁，不碰个头破血流，怎能炼出钢筋铁骨，怎能长大？

　　德国有个叫亨利·谢里曼的商人，自小深深迷恋《荷马史诗》，并下决心要成为一名考古学家。但他家境贫寒，无法支付进行考古研究的大量费用。显然，在现实和理想之间，贫困阻挡了他前进的直线，于是他决定走曲线。

| 智 | 慧 | 心 | 语 |

没有十全十美，也没有人不可或缺，每个人都有这种或那种弱点。当他失败时，这种弱点将会缓解他的沉痛之情。

——拉布吕耳尔

在以后的几年里，他在做学徒、销售员、见习水手、银行信差以及经营石油业中积攒了一大笔钱，然后一股脑地将金钱花在了追求儿时的理想上。不出几年，他发掘出了九座城市，最终挖到两座爱琴海古城。谢里曼成了发现高度发达的爱琴海文明的第一人。

谢里曼不惜走这条长长的弯路来实现自己的理想，倘若他只顾眼前的直路，赚一些可以糊口的钱，而不去花大量的时间和精力去赚足够的钱，那么他就永远不可能发现那些深埋于地下的城市，也不可能成就自己的梦想。

人生有许多事只有经历了才会明白，受伤了才学会如何保护自己，错过了才学会如何坚持与放弃，而我们会在失去和得到的过程当中慢慢地明白。作为一名青少年，我们还小，在学习和生活当中不要想着走捷径，踏踏实实走好前面或许更复杂、更弯曲的路，不要怕，经历过以后，会慢慢长大，慢慢成熟。在这段经历当中，有我们永远也抹不去的记忆，它使我们的人生因经历过而更加辉煌。

◆ 走过人生的弯路，才会有理解和包容

据专家说，在设计高速公路时，逢山要打隧道，遇水要架桥梁，因为谁都知道，两点之间，直线距离最短。但并不是将整条路修得笔直就是最好的。有时候，如果某段路太直了也不行，还得人为地使路弯曲，路太直了，随着路程的增长，其潜在的危险也会增加。那段人为设计的弯路，也就是

我们所说的必要的弯路。很多人对此很不理解，难道说高速公路不是越直越好吗？不就为了达到风驰电掣、畅通无阻的目的吗？为什么要有弯路？修弯路真的有必要吗？

在大部分人的印象中，弯路并不被人所喜欢，大部分人都是尽量少走弯路，如果前面有弯路，总会竖立提示牌"前方有弯路，请小心驾驶"。有时候，为了安全起见，在弯道上横亘路障，强制性地限制速度，以减少事故发生。设计师认为，如果有太多的弯路，肯定不适宜高速，而如果高速公路直得像一条有头无尾的射线更是不可取的，若车速过快，交通事故就会频频发生，这就叫作"欲速则不达"。

从前，有一个到欧洲去卖货的阿拉伯商人，他的生意挺兴隆，他带去的一马车的货物没几天都卖完了。他喜滋滋地买了些给家人的礼物装进马车，驾车往家赶去。他归心似箭，深更半夜才投店休息。第二天一大早又忙着赶路。

店主帮他把马牵出马棚时，发现马左后脚的铁掌上少了一颗钉子，就提醒他给马掌钉钉。商人说："再有十天就到家了，我可不想为一颗小钉子耽误时间。"话音未落就赶车走了。

两天后，商人路过一个小镇，被一个钉马掌的伙计叫住了："马掌快掉了。过了这个镇可就不容易再找到钉马掌的了。"商人说："再有八天我就到家了。我可不想为一个马掌耽误功夫。"离开小镇没多远，在一个人烟稀少的地方，马掌掉了。商人想："掉就掉了吧，我可没时间再返回小镇了。就要到家了。"

走了一段路后，马开始一瘸一拐起来。一个牧马人对他说："让马养好脚再走吧，否则马会走得更慢的。""再有六天我就要到家了，马养伤多浪费时间呀。"马走得更跌跌撞撞了，一个过路人劝他让马养好腿再继续赶路，可他说："老天，养好腿得多长时间？再有四天我就要到家了，别耽误我与亲人见面！"又走了两天，马终于倒下了，一步也走不了了，商人只得丢下马和车子，自己扛着东西徒步朝家走去。

结果，马车走两天的路程他走了四五天，到家的时间反而比预定时间晚了两三天。

　　人生的弯路是一次真正触及灵魂的震动，没有经历就不能说自己明白，所以，下次面对弯路的时候，不要再逃避，勇敢地踏上去，从而让自己多一次人生的宝贵体验。

　　青少年们，现在我们还年轻，走一段弯路不算什么，只有走过人生中的弯路，才会明白自己，才会对他人有更多的包容和理解。

♡—| 学 姐 寄 语 |—♡

　　人生的弯路其实是有必要经历的，每一次的经历都是一笔财富，谁都想要平平静静地过完一生，但人的一生中谁又不会经历大大小小的波折？

竞争不相信眼泪

"物竞天择，适者生存。"在成长的道路上最能让人获得进步的，相信就是竞争了。

21世纪是一个充满竞争的时代，无论你生活在何种环境，都离不开竞争。只有竞争，才有发展，竞争是社会发展的催化剂，是人们取得成功的动力。

现代社会，凡有人群的地方，无不充满了激烈的竞争，或明争，或暗斗，或强攻，或智取，勇者斗力，智者斗计。

◆ 竞争是成长的动力

每个人都有争强好胜之心，只有在和别人相比之下，才能进步得更快。就青少年而言，竞争是为实现自我价值而做出的不懈努力，从而使自己的优势得以充分挖掘和发展，将来为祖国贡献更大的力量。竞争让人们满怀希望，朝气蓬勃，这是一种健康的心理。

竞争是实力的展现。拥有丰富的知识，掌握比较多的技能，善于把握时机，敢于展示，才能表现为竞争能力。在社会上庞大的求职大军中，经常会出现这样的情况，在同等学历的毕业生中，或多一种外语能力、或多一种计算机能力、或多一种写作能力、或多一种公关能力等，都会引起用人单位的特殊兴趣，并被优先选择。因此，

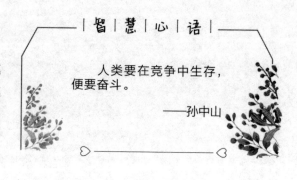

| 智 | 慧 | 心 | 语 |

人类要在竞争中生存，便要奋斗。

——孙中山

培养竞争能力的重要前提是提高综合实力，而不仅仅是一种争强好胜的抽象意识。

乔丹和皮蓬可以说是 NBA 有史以来最伟大的组合之一。不同于爵士双煞的是，公牛队二人组合是一个万能组合，作为核心他们能够完美地融入任何阵容。

"眼镜蛇"格兰特这么评价乔丹和皮蓬之间的竞争："赢得总冠军需要全队的努力，麦克尔（乔丹）就是麦克尔，你不能用任何人和他相比。只要能夺取总冠军，我和皮蓬不在乎被小看，乔丹也很尊重我们的能力。"

也许乔丹和皮蓬为争夺球队老大时有过矛盾，然而为了获得胜利，他们显示出了自己的伟大和睿智。

乔丹的伟大在于球场上他甘心接受皮蓬的"指挥"，把自己作为进攻的棋子为公牛获取胜利；而皮蓬的伟大在于他能够审时度势，在知道自己不能独立率领球队夺取总冠军时，他甘心屈居乔丹之下，辅佐飞人成就霸业。

正如皮蓬 33 号球衣退役时乔丹所说："我知道总会有一个人在我背后，监督着我。他就是斯科蒂（皮蓬）。"随着两人球衣的先后退役，他们之间彼此竞争和共同进步的关系也成为公牛王朝永久的经典。

竞争是人格的考验。竞争的目的是为了使人们在危机感中不断寻找拼搏前进的新的制高点，让每个人的才能得到充分的发挥，从而使人类的精神和物质财富得到空前的丰富。

违背这一目的的行为就是不正当的竞争，充其量只能是对社会财富、他人利益掠夺的权术，是人格和道德的堕落。因此我们说，竞争是对人格的考验，所以，学生在和他人进行竞争时，一定要有一个正确的目的。

除此之外，竞争还会给人们带来以下好处：

1. 竞争能激发人的创造精神，它使人体活力充沛，思维敏捷，反应灵活，想象丰富；

2. 通常情况下，人只能发挥自身潜能的20%～30%，而在竞争过程中，人处于紧张的情绪状态，这种情绪有利于个体潜能的发挥；

3. 通过竞争，能够使人们增强信心，从而树立更高的奋斗目标；

4. 竞争中的失败者通过总结经验教训，调整目标与行动方式，为进一步取胜打好基础。

在竞争面前，对待竞争对手的态度一定要诚恳，不嫉妒、不报复竞争对手，要敞开心胸告诉对手："我想赶超你，和你一样有成就，让我们一起努力吧！"

拳王阿里曾说："谁能战胜我，说明拳击事业发展了，这是我终身的追求——发展拳击。"竞争是激活机体的活跃细胞，它能带来进步的活力，使胜利者继续前进，失败者急起直追；它对强者是鼓励，对弱者是鞭策，其结果是"你我他"的共同发展。

◆ 培养正确的竞争观

在当今社会，受各种环境的影响，大部分的青少年都有着较强的竞争心态和成功欲望，但往往由于缺乏正确的竞争观、人生观的理论引导，再加上他们正处于心理发育不够完善的特殊期，对竞争容易产生错误的、片面的理解，认为竞争就是不择手段地战胜敌人，过分看重每次竞争的结果，或不能正视竞争的结果，致使竞争恶性化，从而阻碍了自身良性的健康的发展，引起心理障碍，损害身体健康，甚至造成事故或产生越轨行为，走上犯罪道路。因此，青少年树立一种正确的竞争观尤其必要。

那么，青少年应该如何培养正确的竞争观呢？

1. 要调整好心态。

有的同学在学习上总是一味地担心别人会超过自己，他们总是焦虑地扫描着竞争对手的成绩，一旦发现对手在某一方面超过了自己，心里就会"咯噔"一下，心跳加快，血压升高，久而久之便产生了嫉妒心理。这种不良的竞争心态对青少年的危害是非常大的。所以，青少年一定要对竞争保持一个良好的心态，要敢于接受挑战，积极地参与竞争。

2. 要对自己有一个客观的、恰如其分的评估，努力缩小"理想我"和"现实我"的差距。

在制定目标时，既不好高骛远，又不妄自菲薄，要把长远目标与近期目标有机地统一起来，脚踏实地、一步一个脚印地做起，这样才有助于"理想我"的最终实现。

3. 要在艰苦的现实环境中磨炼自己。

绝大部分青少年都是有理想、有抱负的，他们对现实的环境和条件普遍表现出不满足，总是想通过自己的努力奋斗来改变现状，但对于到底该怎样改变又感到比较茫然，这就需要在日常的生活当中通过磨炼自己来积累竞争的资本，从小的竞争舞台走向大的竞争舞台。这是对自身的一种磨炼，同时也需要很大的勇气。

4. 要注意培养自己的创造性思维能力。

一位未来学家曾预言："从某种意义上我们可以说，历史留给人类唯一的任务就是要求每个人都必须从事不同程度的创造性工作，而这一任务的完成，只有创造性地发掘和培养每一个受教育者的创新精神，才有可能实现。"因此，为了适应未来的竞争，青少年应在平时的学习中努力开拓自己的创造能力，以便于创造性思维的培养。比如说，积极地参加兴趣小组，阅读课外书籍，创作小论文等。

5. 在竞争中要能审时度势，扬长避短。

一个人的需求、兴趣和才能是多方面的。如果在实战中注意挖掘，就有可能带来"柳暗花明又一村"的新局面。这样不仅能增加成功的机会，减少挫折，还会为进一步的发展和取胜打下好基础。当然，成功了固然可喜，失败了也问心无愧，如果从中悟出了一番道理，或者在竞争中学到了知识，增长了才干，那么这种失败或许更有价值，它很有可能会成为明天成功的起始。

总之，在面对竞争时，应多一份坦然，少一份惊恐；多一份自信，少一份软弱；多一份努力，少一份埋怨。

◇—| 学 姐 寄 语 |—◇

当你斗志昂扬地去接受每一次来自生活或学习的挑战时，你会发现，其实竞争并不是你想象的那么残酷，那么可怕。而且，当你真正地进入到竞争状态时，你会发觉自己突然活得充实起来，因为你会在竞争中找到自己的人生价值所在，你甚至会找到那种不得不佩服自己的美好感觉。

读万卷书，行万里路

大咖故事会

司马迁在父亲的教导下，10岁时便开始学习当时的古文。后来，他又跟着当时的著名学者董仲舒学习《春秋》，跟孔安国学习《尚书》。他学习十分认真，遇到疑难问题，总是反复思考，直到弄明白为止。他的父亲司马谈有志于整理中华民族数千年历史，试图撰写一部规模空前的史著。但是他的年纪越来越大，感到自己可能对完成这项工作有些力不从心了。有一天父亲对司马迁说："我们家里世代都是史官，我们有责任来记载圣贤们的言语，记载现在发生的事情。当世，上有明主贤君，下有忠臣义士。我身为太史，而未能记载，愧恨不已。你一定要完成我未竟之业！我年纪大了，已经不能去远方考察，你要早些做准备。"

20岁的时候，司马迁在读万卷书的基础上，开始了行万里路，进行了一次为期两年多的全国漫游。他亲自采访，获得了许多第一手材料。他漫游到汨罗江畔，为屈原的放逐遭遇而痛哭流涕，在屈原投江自沉的地方，他感受着屈原的爱国热忱。在孟尝君的故乡薛城，他走乡串巷，发现这里的百姓热情好客，淳朴善良，体会到这个地方的民风跟当年孟尝君好客养士不无关系。在曲阜，他去瞻仰万世师表——孔子的墓，还和孔子故乡的一些儒生学习古礼，稽首礼拜、骑马射箭，以此来体会礼仪的教化之功并表达对孔子的高山仰止之情。他还北过涿鹿，登长城，南游沅湘，西至崆峒。他的足迹还遍布会稽、姑苏、夷门等地。

从一个个存留于人们口中的故事，司马迁获得了许许多多从书本中无法得到的历史事件的真相。同时，深入民间开阔了他的眼界，使他对社会、对人生的观察日渐深入，铸就了一代史学大师。

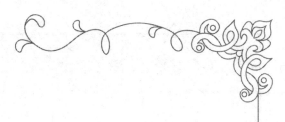

PART 03

挑战人生的奇迹

永远不要被阴云吓倒，只要我们相信自己！生活中没有退步，只要我们肯学。必须记住，不论面对任何出乎意料的打击和挑战，只要我们相信自己，只要我们敢于接受挑战，我们的心就会得到锤炼，我们的前路就不会永远黑暗。

懦夫永远树不起胜利纪念碑。

——［古希腊］欧波利斯

勇于突破自我

　　青少年应在前进的道路上勇于突破自我，即使是失败也是一种锻炼。要做到胜不骄，败不馁，不要永远活在失败的阴影下，勇敢地去找寻失败的原因，提升自己，战胜自己，相信自己一定能把人生这局棋走得很精彩！

　　中国有句俗语说得好："不会战胜自己的人，是胆小的懦夫。"突破自我，需要勇气，需要有顽强生命的活力。

　　青少年朋友们，勇于突破自己的防线就等于打开了智慧的大门，开辟了成功的道路，铺垫了自己在人间的旅途，铸成了自己面对任何烦恼和忧愁的良好心态。

◆ 战胜自己，走向成功

　　一个人获取自信的途径主要有两种：战胜别人或者战胜自己。前者是从外界获取，后者是从自身寻找；前者是社会上适者生存的法则，后者是关照内在锤炼强大的内力。靠前者获得自信的人很容易从别人身上找到自信，但也很容易在更强者面前失去自信；靠后者建立自信的人不容易培养自信，但一旦获取就永远不会失去。

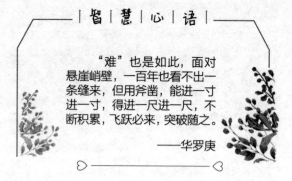

在通往成功的道路上，不乏荆棘和陷阱，到处都有困难和坎坷。有些人遭到了一次次失败，便把它看成拿破仑的滑铁卢，从此一蹶不振。而对于一心要取胜、立志要成功的人来说，一时的失败并不是永远的结局，在每次遭到失败后重新站起来，比以前有更坚强的毅力和决心向前努力，不达目的决不罢休。

在美国，有一个品德高尚的人，名叫彼得，他常常用自己的行为去教育别人。

有一天，彼得悠闲地在路上散步，"呜……呜……"前面有一个乞讨的人在放声大哭。彼得见了很是心痛，便问乞讨的人："你为什么在这儿哭？""我的父母去世了，就剩下我一个人。而在前天，有几个强盗把我洗劫一空，还把我赶出了家门。我无家可归，为了生存，只好在路边讨几个吃饭钱……"乞讨的人边哭边说道。

路边睡觉的一条流浪狗被他们惊醒了，那狗向着彼得狂叫，还咬着彼得的裤角不放。这时，彼得从口袋里拿出了一面镜子，放在了狗的面前，狗又对着镜子狂叫，可叫着叫着，狗的声音越来越小，最后夹着尾巴灰溜溜地走了。乞讨的人看着这一幕，好像懂得了什么似的，连声向彼得表示感谢，兴高采烈地向远处走去。彼得微微一笑，收起镜子，又显出一副高深莫测的模样，大摇大摆地向家走去。

那位乞讨的人重新找了个地方安了家，靠种花成了美国的首富。当记者们问他："您成功的秘诀是什么呢？"他总是自信地说："在我几乎绝望的时候，是一位高尚的人帮助了我。他用镜子对着向他狂叫的狗，最终狗被镜子里的自己吓跑了。我没有像被自己吓跑的狗一样，被自己打败。"

布伦克特说："只要不让年轻时美丽的梦想随着岁月飘逝，成功总有一天会出现在你面前。"要坚持你的梦想，不要退缩，成功并不是海市蜃楼，那是黎明前的黑暗，因为阳光总在风雨后，请相信有彩虹！坚持自己的梦想，成功就在你的前头！

不要时时刻刻把战胜别人看得太重要，最大的胜利便是战胜自己。战胜自己并非易事，所以，青少年朋友们要加强培养战胜自己的目标、决心、能力及克服困难的勇气。

〉—| 学 姐 寄 语 |—〈

作为青少年，要明白成功绝非偶然，是靠艰辛的付出和耐心的积累得来的，当你在一次次的失败后，又一次次的选择后，就会发现成功的坦途已经铺到了你的面前，要记住，在生命中要勇于突破自我，战胜自己，不要放弃自己的梦想和追求，努力向前。

每天向梦想迈出一小步

人生在世，每个人都应该拥有一个梦想，拥有一个努力的目标，拥有一个前进的方向。人生就是一个拥有梦想，追求梦想，实现梦想的过程。

很多人的脑子里有各种理想和梦想，一说起来心潮澎湃，但却一样也没能成为现实。原因何在？其实并不是不愿去实现，而是生活中总是有太多的烦事琐事，这些都使梦想的实现一次次被推迟，人们总是在想：明天再做吧。然而，明日复明日，明日何其多？这一推往往就与梦想失之交臂了。

◆ 每天离成功近一步

一个老人回顾了自己忙碌的一生：他在学生时代曾有一个梦想，那就是走遍全世界，像徐霞客那样踏遍山水，做个像马可·波罗那样的旅行家和冒险家，去感受一下大海一望无际的壮阔，体会一下沙漠高低起伏的雄浑，探索落日下尼罗河畔金字塔的奥秘，追寻云雾中喜马拉雅之巅的神圣。但是那时，他觉得自己还不具备实现这个梦想的条件，比如缺少金钱、没

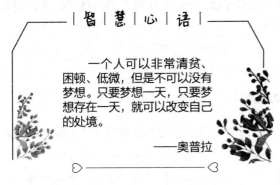

| 智 | 慧 | 心 | 语 |

　　一个人可以非常清贫、困顿、低微，但是不可以没有梦想。只要梦想一天，只要梦想存在一天，就可以改变自己的处境。

——奥普拉

有时间、体质不够健壮、知识不够广阔，等等。于是，这个梦想就一再地搁浅。大学毕业后，他又要急于找工作来养活自己，等工作走上了轨道后，他恋爱了，两年之后又自然而然地结婚了。结婚就代表着自己要对妻子负责，对孩子负责，承担家中的大小事务。于是，他拼命地挣钱养家，养老婆孩子。他想，等孩子再大一些吧！等到自己事业更上一层楼时，就可以在金钱的基础上，抽出时间去实现自己的梦想。

　　就这样，日复一日，月复一月，年复一年。这个学生时代就热衷于追求心中梦想的人如今成了一位白发苍苍的老人，但他还是被各种各样的琐事困扰，于是梦想逐渐变得更加遥不可及。即使这个时候他可以放下一切，但他的身体已经不容许他去走南闯北了。最终，他为自己的梦想打了折扣，决定放下一切，带着老伴去欧洲旅游，也算是了了一桩心愿。

　　其实，在这个世界上，像这位老者一样的人实在是数不胜数，他们总在想着等到有钱了再做吧，等到时间充裕了再做吧，等到心情好了再说吧，等到……结果他们的一生都浪费在了无谓的等待上，生活再也没有过精彩。虽然他们的心中一直都有梦想，但却从未对梦想做过些什么，空有一腔的热情又有什么用呢？估计这个世界上向往马可·波罗的大有人在，但真正像他这样的旅行家、冒险者还真少有，因为大多数人都没有马可·波罗那样拿根棍子拿个碗，一路讨饭也要去实现自己梦想的决心与勇气。

　　所以，不要总想着当拥有一切时再去做，凡事有得必有失，这是亘古不变的道理，也许你拥有了这个，就失去了那个，永远也无法达到共有。况且，无尽的等待或多或少会消磨掉心中对梦想的那份热忱与激情。因此，如果心中有梦想，就要马上付出行动，一刻也不要等待，逐步行进，要知道每走一步就离成功更近一步。

◆ 行动才是最强大的力量

刘翔在中国可谓家喻户晓，他在田径赛场上取得的成绩不仅让中国人赚足了面子，也给整个亚洲赢回了不少喝彩。2004 年在雅典奥运会上，他一举夺得男子 110 米栏金牌，以 12.91 秒的成绩打破了英国人科林·杰克逊 1993 年在斯图加特创造的世界纪录。全世界的人都被这个 20 岁的中国小伙子震惊了，一时间刘翔的身价倍增，成为中外商家的宠儿。刘翔能够取得如此瞩目的成绩，并不是偶然，也不是运气，这与他的努力是分不开的。

年少时的刘翔就对奥运健儿们有着一种特殊的好感与热情，梦想着自己有一天也能够成为其中的一员，不过刘翔并没有将自己的梦想藏在心中，而是化成了力量与行动。当然，在各项条件都还不成熟时，他所能做的并不多，他只是一心想把自己的身体锻炼好，这是一个运动员的基本，没有强健的体魄，要想进奥运为国争光便都是无稽之谈。刘翔当然明白这个道理，于是他坚持做好每一项锻炼，就像他自己所说的，他的成功只是他为了梦想按部就班，做好应做的事，通过自己不断的努力得来的。最终，皇天不负有心人，刘翔的梦想在行动与艰辛中实现了，这个黄皮肤、黑头发的中国人创造了让全中国人，甚至全世界人民震惊的成绩，为国家赢得了一份光辉与荣耀。

刘翔用事实告诉人们，实现梦想的关键是能否果断地采取行动，行动才是最强大的力量。如果说理想是成功的蓝图，那么行动就是成功的基石。倘若只是空有一腔报国热情，总是坐等机会，那么成功永远也不会来光顾你！

有很多人带着梦想活了一辈子，却从来没有认真地去尝试实现梦想，而且对于做不成的事情或者还没有做的事情，总是找一个理由或借口来为自己开脱，很少有人把原因归结到自己身上，然后继续过平庸的日子，让梦想躺在身体里的某个角落呼呼大睡。如此态度，机会怎么可能会不招自来呢？更何况现在社会竞争是那么的激烈，对于新时代的青少年来说，不仅要有远大的理想，还要有付诸行动的勇气，把握每一次机遇，才能最终走向成功。

◇—| 学姐寄语 |—♡

对于现在的青少年来说，更应该为自己的理想付诸行动，即使最终的结果不那么成功，不那么尽如人意，但至少自己努力了，至少做到了问心无愧。生命有限，人生苦短，只要心中有梦想，就要用心用行动去做，不要让自己的人生留下遗憾。

用行动来兑现曾经的心动

行动是成功的阶梯，行动越多，登得越高。一个人正如一个时钟，是以他的行动来决定其价值的。

人们常说，好的开始是成功的一半。那么，怎样才是好的开始呢？只有行动才能算是好的开始。做一件事情，只要开始行动，就算获得了一半的成功。由此可见，行动的力量是巨大的。行动就是力量。

"行成于思，行胜于言"，这句话已经成为大多数人的行事准则。的确，理想是成功的蓝图，行动是成功的基石。

◆ 行动让人走向成功

在成功的道路上，目标和行动就像是硬币的两面，缺一不可。正如一位寓言家说得好："理想是彼岸，现实是此岸，中间隔着湍急的河流，行动就是架在两岸之间的桥梁。"青少年所需要的正是一份坚持不渝的理想信念，这种信念下的坚定的行动，才能使你一步步接近心中理想的殿堂。因为，任何行动都源于思想，而行动是指达到目标的做法，也是达到成功

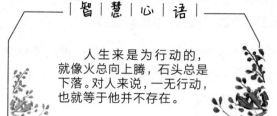

| 智 | 慧 | 心 | 语 |

人生来是为行动的，就像火总是向上腾，石头总是下落。对人来说，一无行动，也就等于他并不存在。

——伏尔泰

所不可或缺的关键。

从前有一个智者，他下定决心要到南海去，但是南海远在千里之外，这个智者身无分文，又没有可以乘坐的交通工具，要到那里谈何容易。

不过，他并没有被眼前的这些困难所吓倒，他的脑中只有一个信念，那就是一定要到达南海。

于是他便依靠化缘、徒步向着南海的方向走去。路过一个小村庄时，他碰到了一户比较有钱的人家，那家的主人看着衣着破烂不堪的僧人便问道："你这是要到哪里去？"智者坚定地回答道："我要到南海去！"有钱人听完忍不住哈哈大笑起来，说道："就凭你这样也想到南海？别做梦了，说实话我也一直有去南海的念头，不过目前还没有准备充分。像你这样贫穷的人，恐怕还没有到达南海，就会累死饿死了，我劝你还是趁早找个寺庙安稳度日吧！"有钱人的话并没有让智者就此改变主意，他仍旧固执地说："我迟早会到达南海的！"果然几年后，智者凭借着他坚强的毅力和实际行动到达了他梦寐以求的圣地，当他从南海返回的途中又经过那户有钱人家时，那个富人还在准备他的南海之行。

可见，雄心大略固然重要，但更重要的还在于行动，在于行动中有没有坚韧的毅力，有没有顽强的信念。行动是最真实、最有力的战胜困难的武器，不论你面临着如何艰难的挫折和挑战，只要能下定决心，用行动去战胜它，就会离成功更近一步。千万不要做一个不切实际的空想家，要知道它不会对你有任何的帮助。

◆ 勤于行动和巧妙行动

人们常说，好的开始是成功的一半。而事实上，只要开始行动，就算获得了一半的成功。冰心在《繁星·春水》中写到："言论的花儿，开得愈大；行为的果子，结得愈小。"因此，人如果只生活在浮想中，一味地空想，而不努力去实现自己的理想，其结局只能悔之晚矣。

要想得到丰富的胜利果实，心动往往是不够的，只要你用勤劳的双手去耕耘，那么，对于你而言，成功便不言而喻了。其实，只要你开始行动，无论结果成败与否，最终都会无怨无悔。

有一位勤劳的农夫在一块无人肯播种的荒地上辛苦劳作。过路的人看到他在这块堆满了砖头、瓦块、锈铣和地下生满树根的瘦土里挖田，便嘲笑他说："喂，老头，你是在挖金子吧！"农夫一声不吭，埋头苦干，清除了砖头、瓦块和锈铣，铲除了地下盘绕的树根，然后开始整理，施肥。

一晃几年过去了。到了收获时节，农夫满怀喜悦地在田里收获。这时，一位赶着牛车的年轻人对老农喊道："喂，老大爷，你哪辈子积了大德，上天恩赐了你这么一块肥沃的土地。"农夫擦了一下脸上的汗珠，大声回答："年轻人，上天恩赐我这块宝地时，人家都在骂我是个老傻瓜。"

行动是成功的基石。成功路上没有享福可言，要成功就要饱经风霜，历尽千辛，朽木亦可成舟。

♡ ─│ 学 姐 寄 语 │─ ♡

一般而言，生活中最容易出现两种类型的人：第一种人是每日每夜都泡在幻想中不能自拔，很难从他身上看到一点行动。第二种人便是善于把想法落实到计划中，成为一个敢于行动的人。想一下自己，你是哪一种人呢？总结一下自己的经历，很容易就能找到答案。

敢于挑战自己，就会诞生奇迹

生命只有不断挑战自己才会彰显出存在的意义。勇于攀登世界最高峰珠穆朗玛峰的勇士们不正是因为有不断挑战自己的觉悟吗？即使很多人会长眠于此而面对荒原冰雪抱憾自己的失败，也要彰显出自己存在的意义。

人的一生中，许许多多的成功与失败锻炼了人的意志力与胆识，让人在困难中成长，在荆棘中走出一片成功的天地。

面对人生这条道路上的重重荆棘，要随时准备挑战那些阻碍你前进的一切困难，你的人生会因此而丰富卓越，世界也会跟随你的步伐向前迈进。只有敢于挑战自己的人才能成功，只有敢于挑战自己的人生才是有价值的，只有敢于挑战自己的人生才是多姿多彩的。

◆ 敢于正视自己的不足

生活不可能总是完美，命运对每个人来说也未必是公平的。青少年无论在自己的生活中遇到了什么样的困难与挫折，都应该勇敢地去面对。人必须面对生活带给我们的苦难，也必须正视自己的不足。

　　法国一个偏僻小镇，据传有一股特别灵验的泉水，常会出现神迹，可以医治各种疾病。有一天，一个少了一条腿的退伍军人，拄着拐杖，一跛一跛地走过镇上的马路，旁边的镇民带着同情的口吻说："好可怜，难道他要祈求再有一条腿吗？"这句话被退伍军人听到了，他转过身对他们说："我不是要祈求有一条新的腿，而是要祈求在我没有一条腿后，也知道如何过日子。"

　　接受失去的事实，不为过去的事掉眼泪，这是非常可贵的心理。有些事，特别是人体组成部分，如果失去了，是很难恢复的，甚至是不可能的。唯有向前看，往前走，思考在现在的状况下，如何过得更好，才是明智的选择。失去了的，让其失去，少些惆怅；与此相反，得到了的，不妨少些，多些清醒。

　　面对不幸、耻辱，要敢于正视，生命是宝贵的，没有理由自暴自弃，更没有理由妄自菲薄。跌倒了，爬起来，失败了，重新燃起希望的火苗，继续奋斗，只有这样的人生才是完美的人生、成功的人生。

　　老子曾说过："知人者明，自知者胜。"人只有正确地认识自己才能胜利。正视自己的成功与失败，才能勇敢地面对生活中出现的不幸，随时准备挑战那些阻碍自己前进的困难，成功才会与你相伴。

　　挑战自己首先要正视自己，能够正视自己这个最大的敌人，你就拥有了成就一切的力量，一旦你有了这种力量，你就拥有了成功。成功不是条件也不是方法，而是一种信念、一种想法，成功不是属于有才华的人，而是属于主动参与的人，只要你相信自己，奇迹就一定会实现，正视自己做一个自信的人，你就能成功。

◆ 敢于挑战自己，才能成功

　　人的一生不断地面对挑战，最大的挑战者就是自己，敢于挑战自己的人才能成功。一位名人曾说："自己把自己说服了，是一种理智的胜利，自己被自己感动了，是一种心灵的升华，自己把自己征服了，是一种人生的成熟。大凡说服了、感动了、征服了自己的人，就有力量征服一切挫折、痛苦与不幸。"

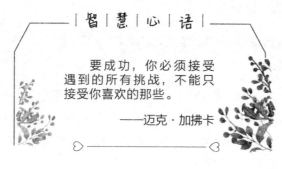

要成功，你必须接受遇到的所有挑战，不能只接受你喜欢的那些。

——迈克·加拂卡

清朝时有一位著名的学者，名字叫章学诚。

章学诚小的时候并不是一个聪明的孩子，他的记忆力很差，身体也很瘦弱。等到了上学的年龄时，父母送他到私塾念书。别的孩子念书背书，很快就能滚瓜烂熟，而章学诚读书却感到十分吃力，一天的时间也读不熟几个字。每天放学的时候，别的孩子都高高兴兴地玩耍去了，章学诚却还在一遍一遍地复习当天的功课。父亲看到儿子学习那么吃力，每天累得筋疲力尽，心里又着急又难受。亲戚朋友们看到章学诚都叹息地说："这个孩子天生智力差，长大了也不会有什么大出息。"每次章学诚听到这样的话，心里都特别难过。

亲戚朋友们的话虽然不好听，但却坚定了章学诚学习的信念，他不灰心不丧气，每天坚持读书。有一天，他读了一本叫《礼记》的书，其中有一段话："人一能之，己百之；人十能之，己千之。果能此道矣，虽愚必明，虽柔必强。"意思是说，别人学一次就能学会了的东西，自己学它一百次；别人学十次就能学会了的东西，自己学它一千次。如果真能坚持这样做，再笨的人也能变得聪明强大起来。章学诚觉得这几句话非常符合自己的情况，他决定要像书上说的这样做，比别人用更多的时间，勤学苦读，从而使自己聪明强大起来。从那以后，他学习更加刻苦了。

经过长时间的刻苦学习，章学诚不但学习成绩有明显的提高，智力也逐渐有了增强，而且还摸索出了一套很好的学习方法。

在课余时间里，他读了许多古代著名思想家的作品，而且在读书时力求做到脑勤手勤。脑勤就是认真读书，勤于思考；手勤就是在读书的时候做好笔记。每次他读古人的作品，遇到精彩的片段，总要摘抄到自己的小笔记本上；碰到他认为不对的观点，就给它加上批语，说明他为什么认为不对；碰到自己想不通的问题时，也随时记录下来，向懂的人请教。章学诚学习真的做到了温故知新，融会贯通。

后来他写了一部非常有名的历史学著作《文史通义》，其中很多章节，都来自于他平时做的读书笔记。

人生中总会经历或多或少的坎坷与挫折，在走过这些风风雨雨后，相信在心灵的原野上一定会开满顿悟的花朵，那种感觉很奇妙。每次经历其实就是对自己的一次挑战，成功是靠自己创造而来的，每个人都具备成功的能力，所以想要成功，就得向自己挑战。

亲爱的青少年朋友们，挑战自己吧！只有勇于挑战自己的人才能成为一个成功的人。你向自己挑战就是向人生挑战，在这个过程中你会得到更丰富的人生，它不仅可以使你终生受用，还会使你的人生更有价值。

◇—｜学姐寄语｜—◇

人有了动力才有战胜挫折的可能，有价值的人生就是直面这些缺陷，进而奋发向上，努力拼搏。那些在生活中遇到的困难与挫折，可以让我们清楚地看到自己力量的不足和智慧的贫瘠，所以我们要在成功的过程中，不断地向自己挑战，只有战胜了自己才有可能成就一切。

别让恐惧阻碍了前进的脚步

在充满阳光的青少年生活里，你是否害怕面对一大堆资料？你是否因受过挫折而不敢再做其他事？你是否在考试前紧张不已？你是否害怕有陌生人的场合？你是否会恐惧体育课？等等。如果你经常面临这些现象，那就表示你有恐惧心理。这里所说的恐惧心理，其实是指不论是在现实中还是在想象的危险中，深深感受到的一种强烈而压抑的情感状态。

◆ 认识"恐惧"的真面目

产生恐惧心理的原因有很多，首先恐惧是大脑中的一种连锁反应。它由产生压力的刺激开始，到身体释放出多种化学物质结束。刺激物可以是一只从屋顶滑下的蜘蛛、一个坐满了要听你讲话的人的听众席，或是突然撞门的"砰"的一声等。恐惧心理的产生还与过去的心理感受和亲身体验有关。俗话说："一朝被蛇咬，十年怕井绳。"如果在过去受过某种刺激，大脑中就会形成一个兴奋点，当遇到同样的情景时，过去的经验被唤起，就会产生恐惧感。

兔子的胆小是出了名的，经常受到的惊吓总是像石头一样压在它们的心上。

有一次，众多兔子聚集在一起，为自己的胆小无能而难过，悲叹自己的生活中充满了危险和恐惧。

它们越谈越伤心，就好像已经有许多不幸发生在自己身上，而这也就是它们之所以成为兔子的原因。到了这种地步，负面的想象便无止境地涌现出来。它们怨叹自己天生不幸，既没有力气和翅膀，也没有锋利的牙齿，日子只能在东怕西怕中度过，就连想要抛弃一切大睡一觉，也有什么都听得见的长耳朵的阻挠，赤红的眼睛也就变得更加鲜红了。

它们觉得自己的这种生活是毫无意义的，这又成了它们自我厌恶的根源。它们都觉得，与其一生心惊胆战，还不如一死了之。

于是，它们一致决定从山崖上跳下去了结自己的生命，结束一切烦恼。决定以后，它们一齐奔向山崖，想要投河自尽。这时，一些青蛙正围在湖边蹲着，听到急促的脚步声，如临大敌，立刻跳到深水里逃命去了。

这是兔子每次到池塘边都会看到的情景，但是今天，有一只兔子突然明白了什么，它大声地说："快停下来，我们不必吓得去寻死觅活了，因为我们现在可以看见，还有比我们更胆小的动物呢！"

这么一说，兔子们的心情奇妙地豁然开朗起来，好像有一股勇气喷涌而出，于是它们欢天喜地回家了。

恐惧心理还与人的性格有关。一般从小就害羞，胆量小的人，长大以后就会不善于交际，孤独、内向的人，容易产生恐惧感。对青少年而言，需要面对学习上的各种压力，心理承受能力也达到了巅峰，由于担心升学难、成绩总提不上去、下次考试怎么才能考好等问题，致使他们产生了一种普遍的恐惧心理。一般来说，青少年有了恐惧心理后，会有以下表现。

1. 对于陌生人产生的恐惧。

对于青少年而言，与陌生人见面往往会产生一些不自在的烦恼。甚至有很多青少年讨厌面对或害怕面对陌生人，陌生人群就更不用说了。其实

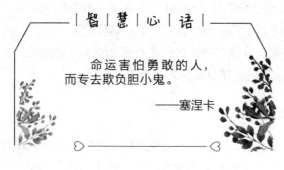

命运害怕勇敢的人，
而专去欺负胆小鬼。

——塞涅卡

他们并不只是觉得害羞、不好意思，而是对自己以外的世界有着强烈的不安感和恐惧感。青少年由于人生阅历与经验相对较浅，平时在家里也总是受到不要与陌生人来往的叮嘱，因此导致他们害怕与陌生人接触，这将严重局限他们的个人发展。

2. 对新事物产生的恐惧。

其实，青少年对新事物产生的胆怯与个性是没有多大关系的，而是由于接触的经验不够，进而排斥这种事物的情形居多。而一般情况下，对于他们自己从未见过或从来不懂的新事物或知识，有自信心、有勇气的学生会激发起学习探索的兴趣和热情。而那些缺乏自信、自卑感比较重的同学则会产生恐惧感，总担心自己掌握不了，害怕太难。于是，在心里就会产生一种排斥感，最后再见到这些东西后恐惧感就会一跃而出。

3. 对失眠产生的恐惧。

艳艳现在读高三，这两年来，她经常失眠，但没放在心上，只是服了些安眠药。从上个月以来，在一次物理考试发挥失常后，失眠加重，整夜不能入睡，每到夜幕降临，就开始担心今晚又睡不着了，一上床就努力保持平静的呼吸，努力不思不想，难受得很。所以，她对夜晚产生了一种恐惧，害怕躺在床上，更害怕失眠。这是因为现在的青少年学习压力大，长时间高度集中注意力学习与思考，使大脑过于兴奋而难于很快平静下来休息，结果造成难以入眠的情况。这也是青少年失眠状况产生的一个重要原因。

4. 对考试产生的恐惧。

也许你会因为数学考试没考好，受到老师的批评，被同学们瞧不起而感到痛苦，恨自己为什么没考好。所以，以后对考试有一种恐惧感，一考试就紧张，就考不好。也许你过分重视考试结果，担心考不好会影响升学，考不好会被同学耻笑，考不好会挨父母训斥，等等。这样时间一长，会在你心中形成恐惧考试的心理。这些对考试的恐惧心理会使人情绪低落、精神紧张、反应迟钝，考试失败的概率反而会大大增加。

◆ 跨越恐惧障碍，迈向成功

恐惧心理对于青少年来说是最不该有的心理障碍，它会阻碍你前进的脚步，会加重你的压力，它会让你的生活变得可怕。所以，越过恐惧障碍是你学习之外的又一大重任。一般说来，若能进行自我训练，积累与他人相处的经验，即使无法改变自己的个性，也不至于让心理遭受恐惧的袭击。也就是说，其实恐惧心理是很容易克服的，以下建议不妨用来参考。

1. 提高自己的认知能力。

一位心理学家说得好："愚昧是产生恐惧的源泉，知识是医治恐惧的良药。"所以，提高对事物的认知能力，扩大认知视野，判定恐惧源，是消除恐惧行之有效的方法。只要通过学习，了解其知识和规律，揭去其神秘的面纱，就会很快消除对某些事物或情景的无端恐惧。

2. 培养自己乐观的人生情趣。

可以从锻炼自己坚强的意志开始，通过学习英雄人物的事迹，用英雄人物勇敢顽强的精神激励自己。在平时的训练和生活中有意识地在艰苦的环境下磨炼自己，培养勇敢顽强的作风。坚持这样做，即使真的有一天遇到了危险的情境，也不至于一时变得惊慌失措。相反，你还会出奇的沉着冷静，并机智地去应付。

3. 平时积极参加有益活动，加强心理训练，提高各项心理素质。

经常主动地接触自己所惧怕的对象，在实践中了解它、认识它、适应它、习惯它，就能逐渐消除对它的恐惧。例如，有的青少年惧怕登高、惧怕游泳、惧怕猫、惧怕毛毛虫等，要勇于接触，才能够有效地战胜紧张和不安等不良情绪，提高心理适应和平衡性，增强信心和勇气，以无畏的精神克服恐惧心理。

4. 学会转移注意力。

把注意力从恐惧对象上转移到其他方面，就可以减轻或消除内心的恐惧。如果你觉得有点不安、紧张和害怕，就停下来不再想象，做深呼吸使自己再度松弛下来。完全松弛后，重新想象刚才失败的情景。若不安和紧张再次发生，就再停止后放松，如此反复，直至心里的情景不会再使你不安和紧张为止。如果不正常的恐惧心理没有得到及时克服，就可能进一步发展为恐惧症。

5. 多与人接触。

一般情况下，很多青少年在与陌生人见面时都会感到不自在，受拘束，原因之一便是觉得无话可说，找不出话题的约会的确令人乏味。其实，此种想法并不正确。与陌生人会面的恐惧心态，与第一次尝试没吃过的食物有点相似，大多是基于自我保护的心态，所以绝不愿多接触素不相识的人。为加强自我训练的信心，不妨先做心理建设，常常提醒自己多接触陌生人物，借以改变自己的人生观，以及增加人生乐趣。

◇—| 学 姐 寄 语 |—♡

青少年，特别是在青春期会面临很多烦恼与困难，如果得不到及时解决就会累积起来而导致心理崩溃，其恐惧心理便会随之出现，这是一种很不健康的心理。其实，青少年想要战胜这个心魔，非常简单，只要你愿意。

凡事快人一步

成功人士的经验告诉我们：想不寻常的问题，走不寻常的路，凡事快人一步，是获得成功的保证。所以，青少年们要想为成功扬帆起航，就要多留心生活，善于观察，勤于思考，敢于创新，才能抓住机遇。对于渴望成功的青少年来说，"敢走别人没走过的路"是非常可贵的，成功的人都是第一个吃螃蟹的人，他们总是先例的破坏者。而正是敢尝试别人没尝试过的东西，才能成就自己辉煌的人生。

◆ 创新不需要天才，只要你眼光独到

在苏格兰的一个小镇上，一位年迈的鞋匠决定把补鞋这门手艺传给三个年轻人。在老鞋匠的悉心教导下，三个年轻人进步很快。当他们学艺已精，准备去闯荡时，老鞋匠只嘱咐了一句："千万记住，补鞋底只能用四颗钉子。"三个年轻人似懂非懂地点了点头，踏上了旅途。

过了数月，三个年轻人来到了一座大城市各自安家落户，从此，这座城市就有了三个年轻的鞋匠。同一行业必然有竞争。但由于三个年轻人的

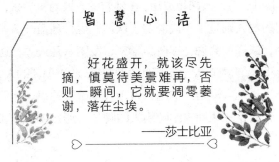

技艺都不相上下，日子也就风平浪静地过着。

过了些日子后，第一个鞋匠就对老鞋匠那句话感到了苦恼。因为他每次用四颗钉子并不能使鞋底完全修复，可师命不敢违，于是他整天冥思苦想，但无论怎样想他都认为办不到。最终，他不能解脱烦恼，只好扛着锄头回家种田去了。

第二个鞋匠也为四颗钉子苦恼过，可他发现，用四颗钉子衬补好鞋底后，坏鞋的人总要来第二次才能修好，结果来修鞋的人总要付出双倍的钱。第二个鞋匠为此暗喜着，他自认为懂得了老鞋匠最后一句话的真谛。

第三个鞋匠也同样发现了这个秘密，在苦恼过后他发现，其实只要多钉一颗钉子就能一次把鞋补好。第三个鞋匠想了一夜，终于决定加上那一颗钉子，他认为这样能节省顾客的时间和金钱，更重要的是他自己也会安心。

又过了数月，人们渐渐发现了两个鞋匠的不同。于是第二个鞋匠的铺面里越来越冷清，而去第三个鞋匠那儿补鞋的人越来越多。最终，第二个鞋匠铺也关门了。

日子就这样持续下去，第三个鞋匠依然和从前一样兢兢业业地为这个城市的居民服务。当他渐渐老去时，他开始真正懂得了老鞋匠那句嘱咐的含义：要创新，而且不能有贪念，否则必会被社会所淘汰。

再过了几年，鞋匠的确老了，这时又有几个年轻人来学这门手艺，当他们学艺将成时，鞋匠也同样向他们嘱咐了那句话："千万记住，补鞋底只能用四颗钉子。"

对于经验，不能照搬。要创造性地加以吸收，才能从中真正得到别人经验的精髓部分。不去创新，必然会被不断变化的环境所抛弃。

每个人的道路虽不尽相同，但人人都想成功，虽然有的人成为科学家，有的人成为百万富翁，但多数人则是平平淡淡走了坎坷一生，甚至一事无成。为何有如此大的差别，或许你会说，那些科学家、发明家是天才，遇到了好机遇，但你可曾发现所有的成功人士无不是善辟蹊径、敢于创新的人，他们懂得运用自己的思维，走别人没走过的路，做别人没做过的事。他们知道，如果不能领先他人，而是一味地去跟随别人的脚步，那么就永远只能做"第二个吃螃蟹的人"。

◆ 成功就要比别人快一步

人生不管做什么事，都要有抢先一步的意识，所谓快一步海阔天空，慢一步处处被动，谁抢占了先机，谁就掌握了主动权。我们常会说，机会只会垂青有准备的人，而快一步的目的就是为了让自己能够比别人早一点做好准备，等到机会来临的时候，能抓住机遇，获得成功。

在一片原始森林里，住着一群羚羊，它们无忧无虑，过着天堂般的生活。在这群羚羊当中，有一只显得与众不同，当别的同伴儿吃着鲜嫩的野草，晒着暖和的太阳，甚至做着香甜的美梦时，它却整天在森林里拼命地练习长跑。

同伴们嘲笑它："这么悠闲的生活，你却不知道享受，天天在那儿没命地跑，你准备去参加比赛呀！"那只羚羊没有说话，继续跑着，时间一长，它就练出了飞毛腿。后来，同伴们对它的举动实在是感到莫名其妙，又问道："森林里这么安全，没有狼、狮子和老虎，你何必那么用劲练习奔跑呢？"羚羊停下来回答说："现在安全不等于永远都会安全，你想想，如果有一天我们被狼或老虎追逐，到那时，想跑也来不及了。只有平时把奔跑的本领练好了，到那时才可以逃脱它们的魔掌。"果然，有一天，几只凶猛的老虎闯进了羚羊的领地，除了那只平日里勤于练习奔跑的羚羊幸免于难外，其余的羚羊都死的死、伤的伤。

《孙子兵法》有云："激水之疾，至于漂石者，势也。"石头之所以能在激水之上飘起来，就是因为它比激水的速度要快半步。人生就像一场长跑比赛，只有与时间赛跑，只有永远比别人快半步，才有可能占得先机，赢在最后。这既是竞争者的姿态，更是成功者的秘诀。

拿破仑曾说："我的军队之所以打胜仗，就是因为比敌人早到5分钟。"的确，比赛中的冠军只是比别的选手提前一步到达终点而已，而这提前一步的结局却有着天壤之别。

♡─│ 学 姐 寄 语 │─♡

对于任何一个人来说，只有创新才会使自己充满活力，只有创新才能使自己不断改进，化劣势为优势。青少年正处于学习知识、储备能量的重要阶段，一定要有想常人不敢想、做常人不敢做的创新精神，才能紧跟时代的步伐，开启梦想之门。

画荻识字

大咖故事会

欧阳修4岁时，在泰州做官的父亲去世了，母亲郑氏带他投靠叔父。叔父热情地接待了寡嫂孤侄，把他们安顿下来，并辅导欧阳修识字读书。可是没多久，他的叔父也去外地做官了，这一下就没人照顾他们母子了，母亲郑氏便独立担负起培养儿子的责任。他的父亲为官清廉，死后没有给他们留下什么财产，小小的欧阳修就开始过着贫困的生活。由于买不起纸笔，母亲只好以芦荻作笔，以沙滩作纸，教欧阳修认字。就是在这样艰苦的条件下，欧阳修开始了自己的求学生涯。他的母亲文学修养很深，给他的启蒙教育不仅限于文字，还不断地给他讲如何做人的故事。母亲告诉他不要随声附和，更不能随波逐流，要始终做一个有气节的人；母亲教他读唐代诗人周朴、郑谷及当时的九僧诗。这些对欧阳修的影响非常大，使欧阳修从小打下了良好的学习基础。

少年欧阳修聪明颖悟，勤奋好学。叔父给他留下的书籍，他有空便读。数年后，家中已经无书可读，只好向邻居借。欧阳修将书借回家后，无论是严寒的隆冬，还是赤日炎炎的盛夏，从不间断，从不松懈。每见到书上一些好的内容，他都赶快把它抄下来。经常刚搁下笔，他就已经能够背诵。

尽管条件艰苦，但欧阳修从不停止学习，终于在北宋文坛独树一帜，取得了骄人的成绩。他继承和继续发展的古文运动，革除了五代以来的奢靡文风，使宋文朝着自然、清新的方向发展。

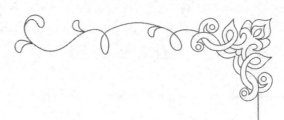

PART 04
让你的抱负照耀生活

我们总是在追求成功，但结果却往往并不如愿。用你的抱负去照耀生活，让自己掌握驾驭生活的本领，拥有对厄运的乐观态度，你就学会了用更高的智慧去看清人世的沧桑。弯道虽然让我们多走了几步路，但它会让我们走得更远。

PART 04

让你拥有足够强大的力量

即使失败，我们也要勇敢地面对命运。

——［古罗马］塔西佗

别拴住自己的想象力

在人生的海洋中，有很多的人是无舵船。他们总是漫无目的地漂流，面对风、海潮的起伏变化，他们束手无策，只有听其摆布，任其漂泊。结果有些人要么触岩，要么撞礁，以沉没而告终。还有一部分人，他们有方向、有目标，又研究了最佳航线，同时学习了航海技巧。他们像现实中的船长一样，既熟知下一个停泊或通过的港口，也深知航船的目的地。

◆ 拥有追求卓越的欲望

很多时候，成功与失败的区别就是欲望的强弱而已。每件事都先要有追求卓越的欲望，然后才能够卓越。

大卫·威尔士从小就立志当律师，唯一的问题是他得了一种丧失部分阅读能力的病症，他所看到的文字都是反方向呈现的。

大卫小学的时候，必须靠他的父母把学校的功课念给他听，他再把答案念给他们，请他们写下来。念书是这样艰苦的事，难怪很多人都觉得他的律师理想只是痴人说梦罢了。

大卫后来进入威斯敏斯特大学，别人做笔记的时候，他就用录音机记笔记。就这样，大卫大学毕业了。但没有人认为他还能进法律学院深造。可是大卫是一个积极的人，他进入法律学院就读。每堂课他都把讲课内容录下来，回去后再反复地听。不上课的时候，他大部分的时间都留在图书馆研究功课，一个字一个字困难地摸索。他把期中和期末报告请人听写下来，才能交卷，而且这些都是自费的。

大卫的理想是成为一个律师，很多人告诉他，他绝对做不到，还不如趁早放弃。但他愿意为那个目标付出必要的心血。是什么因素使你无法达到目标呢？不要告诉我你有多少困难，去告诉大卫，如果你能赶上他的话。目前他又忙着其他的目标呢！请你把眼光越过困难，看着你的目标，你就能成为一个行动家，达到你的目标。

人生的胜者往往从起步时就有了生活目标，他清楚自己应成为一个什么样的人，将誓死捍卫的是什么，当自己离世以后，能为后世留下些什么。

◆ 拿出你的行动

经常有人说："我的问题就在于没有目标。"这话只能说明他不了解目标的真正意义。事实上，追求快乐而避开痛苦便是我们人生的目标。

有一个国王，他每天都在思考三个最终极的哲学问题：这个世界上，什么人是最重要的，什么事是最重要的，什么时间做事是最重要的。他冥思苦想，始终得不出答案。

他很苦闷。有一天他去微服私访，走到很偏远的地方，晚上来到一个陌生的农家，他一敲门，里边一个老汉就说："你进来吧。"到了半夜，他忽然被一阵喧闹声吵醒了，然后就发现有一个浑身是血的人闯了进来，边走边慌张地说："后面有人追我。"这个老汉就像收留国王一样也淡淡地说："在我这儿避一避吧。"然后就把他藏起来了。这国王吓得不敢入睡，不一会儿追兵来了，问老汉有没有一个人跑进来。老汉说不知道，我家里没有别人，后来那些人就走了。过了一会儿，那个人洗净了血迹也感恩戴德地走了，老头关上门继续睡觉。

第二天，国王惴惴不安地问老汉："你就不怕惹上杀身之祸，你为什么敢收留那个人，而且你就那么放他走了，你怎么不问他是谁呢？"老头淡淡地告诉他，这个世界上最重要的就是：那个人眼下是最需要你帮助、离你最近的那个人；最重要的事就是马上去做，把这件事给解决掉；最重要的时间就是当下，一点儿也不能拖延。国王恍然大悟，老汉把他的三个终极问题都解决了。

其实，每个人身上都有一个精灵，只要你下决心去唤醒它，它便能使你的人生无往不利。只要你不拴住自己的想象力，只要你下定决心，那么你所做的梦迟早都会实现。

学姐寄语

在我们人生的航行中，即使目的地暂不明确，也应该清楚地知道目标的特性。这样即使出现大风巨浪，也不会惊慌失措，因为只要把应做和能做的都做到，那么抵达目的地也就确定无疑了。

做一个抓住机会的梦想家

世界上真正的领袖人物，是那些在机会尚未诞生之前，就能够掌握那些不具体的、不可见的意念并能有效加以利用的人。当代世界充满了机会，这是以往的梦想家们所没有的。

◆ 关于"目标的明确性"

生活在竞争中的我们，应当鼓励自己去了解我们生存的世界已经发生了大变化，它需要新的观念、新的行为方式、新的领袖人物、新的发明、新的教学方法、新的书籍、新的文字、新的电视节目、新的电影观念。

维伦梦想能有一个联合的雪茄香烟店，他便将梦想转变为行动。现在美国城市中一些位置最好的街角处，都有一个"联合雪茄香烟店"。

莱特兄弟两人梦想着有一种会在空中飞行的机器。现在人们可在全世界看见它，证明他们的梦想是真实的。

马可尼梦想有一种利用电波传递信息的方法。现在这个世界上的每个电台与电视台都能证明他的梦想并非空中楼阁。

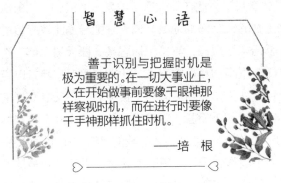

智|慧|心|语

善于识别与把握时机是极为重要的。在一切大事业上，人在开始做事前要像千眼神那样察视时机，而在进行时要像千手神那样抓住时机。

——培 根

或许使你觉得讽刺的是，当马可尼宣布他发现了一个原理，根据这个原理，他能通过空中发出信息，而不必借助于电线或其他物质时，他的友人竟将他看管起来，并送他到精神病院检查。今天的梦想家们的境遇，远比前人好得多。

在这些新的与更好的事物需求背后有一种气质，一个人要成功，就必须具备它。这种气质便是"目标的明确性"，知道自己需要的是什么，而且有强烈的欲望去获得它。

◆ 设定你的"次目标"

聪明的人为了达成主目标，常会设定"次目标"，这样会比较容易完成主目标。许多人会因目标过于远大，或理想太过崇高而易于放弃，这是很可惜的。若设定"次目标"便可较快获得令人满意的成绩，能逐步完成"次目标"，心理上的压力也会随之减小，主目标总有一天也能完成。

在某一年的东京国际马拉松邀请赛中，一位名不见经传的日本选手山田本一出人意料地夺得了世界冠军。当记者问他靠什么取得如此惊人的成绩时，他说了这么一句话：用智慧战胜对手。

当时许多人都认为这个偶然跑到前面的矮个子选手是在故弄玄虚。马拉松比赛是靠体力和耐力的运动，只要身体素质好又有耐性就有望夺冠，爆发力和速度都还在其次，说用智慧取胜确实有点勉强。

两年后，意大利国际马拉松邀请赛在意大利北部城市米兰举行，山田本一代表日本参加比赛。这一次，他又获得了世界冠军。记者又请他谈谈经验。山田本一性情木讷，不善言谈，回答的仍是上次那句话：用智慧战胜对手。这回记者在报纸上没再挖苦他，但对他所谓的智慧迷惑不解。

10 年后，这个谜终于被解开了，他在他的自传中是这么说的："每次比赛之前，我都要乘车把比赛的线路仔细地看一遍，并把沿途比较醒目的标志画下来，比如：第一个标志是银行，第二个标志是一棵大树，第三个标志是一座红房子……这样一直画到赛程的终点。比赛开始后，我就以百米的速度奋力地向第一个目标冲去，等到达第一个目标后，我又以同样的速度向第二个目标冲去。40 多公里的赛程，就被我分解成这么几个小目标轻松地跑完了。起初，我并不懂这样的道理，我把我的目标定在 40 多公里外终点线的那面旗帜上，结果我跑到十几公里时就疲惫不堪了，我被前面那段遥远的路程给吓倒了。"分段实现大目标真可谓是经验之谈，这一方法甚至适用于所有的行业。

在你计划获得那些财富时，你不要受别人影响而轻视梦想者。在这个巨变的世界中，你要赢得大的赌注，就必须把握昔日伟大拓荒者的精神，他们的梦想曾给我们的文化留下了很多有价值的东西，他们的精神成为我们国家的精神——使你和我能够获得发展和表现才智的机会。

♡─| 学 姐 寄 语 |─♡

如果你渴望做的事是正当的，而且你对这件事深信不疑，那么就勇往直前地去做吧！去实现你的梦想！如果你遭遇到一时的失败，也不要管别人说什么，因为别人或许并不知道每次失败都会带来同等成功的种子。

接受自己的缺憾

那些曾与残疾人一起工作过的理疗专家们指出，无论他们有多大的缺憾感，都不能必然地阻碍他们建立起比很多根本身无病痒的人更大的勇气和自信。

◆ 做生活的强者

人们的确需要培养这种良好的自我认识。但是，假设一个人只能长到1.5 米那么高的个头，而社会的平均身高是 1.65 米，在这种情景下他会产生什么样的情感呢？身材矮小的拿破仑渴望征服整个世界，并将欧洲，将各国的国王和他们的子民置于自己的股掌之中，让他们俯首称臣，只有这样他才能蔑视一切，称雄于世。

在感动中国人物推选中，有一个人引起了大家的注意，他叫刘伟，一个用心灵来演奏的无臂钢琴师。

刘伟出生在北京一普通人家，10 岁时因一场可怕的事故而被截去双臂。12 岁的他在康复医院的水疗池学会了游泳，两年后在全国残疾人游泳锦标赛上夺得两枚金牌，16岁他学习打字，19岁学习钢琴，一年后就达到相当于用手弹钢琴的专业7级水平，22岁挑战吉尼斯世界纪录，一分钟打出了233个字母，成为世界用脚打字最快

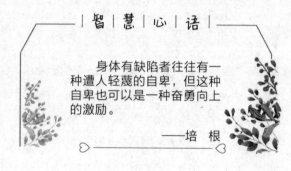

| 智 | 慧 | 心 | 语 |

身体有缺陷者往往有一种遭人轻蔑的自卑，但这种自卑也可以是一种奋勇向上的激励。

——培　根

的人，23岁他登上了维也纳金色大厅舞台，让世界见证了这个中国男孩的奇迹。

当袖管空空的刘伟走上舞台时，虽然所有人都知道他要表演什么，但没人能想象他究竟要怎样用双脚弹奏钢琴。而当他坐到特制的琴凳上之后，优美的旋律从他脚下流出，十个脚趾在琴键上灵活地跳跃着，全场陷入了一片安静。在刘伟表演结束之后，所有观众都起身鼓掌。

有时，身体的残疾正是人们建立良好的自我意象的巨大推动力。我们很多人都是伴随着自卑感成长起来的。生活既向我们提供了加强这些情感的机会，也为我们创造了克服它们的机遇。正是由于生活伤害了我们，所以它也哺育了我们，治愈了我们的创伤。

◆ 做喜爱自己的人

当人们回忆起往日紧张冒险的经历时常说："我再也不想遇到那样的事了，但有过那么一次也很不错。"由于失去了眼前的工作，人们或许发现了更能展现自己才华的新岗位。很多经历了一次失败婚姻的人们在第二次婚姻中做到了白头偕老。

内科医生都明白，儿童时期曾患过的严重疾病对成年后的病变常常可以产生强烈的抗体。在1918年流行的传染病灾难中，美国军营里来自农场的高大强壮的年轻人死了上万人，而那些来自城市贫民窟的骨瘦如柴的士兵却表现出了极强的抵抗力。这些人在童年时代遭受过无数疾病和身体

的磨难，但他们最终幸存了下来。

同样，早期生活中的情感创伤也能培养人们的坚强的意志、敏锐的感觉和洞察力。例如，我们过去常常认为父母的离异必定会给孩子造成伤害。如今我们认识到离婚虽说会对孩子产生巨大的影响，很可能会伤害他们的情感，但情况未必总是那么的糟。父母的离异或疾病使得某位亲人逝去确实是极其苦痛的事，但我们也明白它们能使孩子变得更加成熟和坚强。困苦的确可以转变成人们生活中有利的成分。

♡—| 学 姐 寄 语 |—♡

　　我们无法从日常生活的每个细节中预测出什么将对我们最为有利，即使我们已经知道何者最为有利，我们也并不能将所有的梦想都化为现实，世上没有只交好运的人，也没有终身与厄运为伍的人。

给人生一个规划

有规划的人生必定是美好的，因为你有目标，更有达到目标的道路可走，道路或许很坎坷，但你很有方向，你心里明白：沿着这条路走下去，你离目标只会越来越近，而不是南辕北辙。虽然你并不知道生命的尽头与道路的尽头哪个先到，但只要有一口气在，你仍然向着那个目标前进，依然心存希望。如此的人生是快乐的。

◆ 思想有多远

人的一生需要一个整体规划，人生中的每一阶段也需要具体规划。如果你能做到规划一生，那么你必将成功一生。

四十多年前，有一个十多岁的穷小子。他自小生长在贫民窟里，身体非常瘦弱，却立志长大后要做美国总统。如何实现这样的抱负呢？年纪轻轻的他，经过几天几夜的思索，拟定了一系列的连锁目标。

有一天，当他看到著名的体操运动主席库尔后，他相信练健美是强身健体的好办法，因而有了练健美的兴趣。他开始刻苦而持之以恒地练

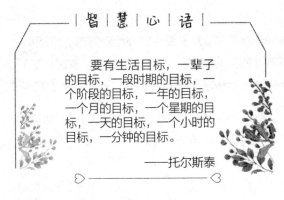

要有生活目标，一辈子的目标，一段时期的目标，一个阶段的目标，一年的目标，一个月的目标，一个星期的目标，一天的目标，一个小时的目标，一分钟的目标。

——托尔斯泰

习健美，渴望成为世界上最结实的男人。三年后，凭着发达的肌肉和健壮的体格，他开始成为健美先生。

在以后的几年中，他成了欧洲乃至世界健美先生。22 岁时，他进入了美国好莱坞。在好莱坞，他花了十年时间，利用自己在体育方面的成就，一心塑造坚强不屈、百折不挠的硬汉形象。终于，他在演艺界声名鹊起。2003 年，年逾 56 岁的他，告老退出了影坛，转而从政，并成功地竞选成为美国加利福尼亚州州长。

他就是阿诺德·施瓦辛格。他的经历让人们记住了这样一句话：思想有多远，我们就能走多远。

◆ **你真的没有时间吗**

有很多事情，我们做梦都想实现，可是苦于没有时间，只好一拖再拖，结果不了了之。厚厚的名著买回家，苦于没有时间看，一直摆在书架做装饰品；想要报个学习班学点技能，苦于没有时间去，只是过过嘴瘾。

在某大学的"时间管理"课上，教授在桌子上放了一个装水的罐子，然后又从桌子下面拿出一些正好可以从罐口放进罐子里的鹅卵石。当教授把石块放满后问他的学生："你们说这罐子是不是满的？""是。"所有学生异口同声地回答。"真的吗？"教授笑着问。然后再从桌底下拿出一袋碎石子，将碎石子从罐口倒下去，摇一摇，再加一些，再问学生："你们说，这罐子现在是不是满的？"

这回他的学生不敢回答得太快。最后班上有位学生怯生生地细声回答道："也许没满。""很好！"教授说完后，又从桌下拿出一袋沙子，慢慢地倒进罐子里。倒完后，再问班上的学生："现在你们再告诉我，这个罐子是满的呢？还是没满？"

"没有满。"这下全班同学学乖了，大家很有信心地回答道。"好极了。"教授再一次称赞这些"孺子可教"的学生们。称赞完了后，教授从桌底下拿出一大瓶水，把水倒进看起来已经被鹅卵石、小碎石、沙子填满了的罐子。

当这些事都做完之后，教授正色问班上的同学："我们从上面这件事情得到了什么重要的启迪？"班上一阵沉默，然后一位学生回答说："无论我们的工作多忙，行程排得多满，只要挤一下，就可以多做些事。"教授听到这样的回答后，点了点头，微笑道："答案不错，但并不是我要告诉你们的重要信息。"

说到这里，这位教授故意顿住，用眼睛将全班同学扫了一遍说："我想告诉各位最重要的信息是，如果你不先将大的'鹅卵石'放进罐子里，也许以后永远没机会把它们再放进去了。"

当我们学会了抓住和珍惜时间后，还要懂得把重要的事情先列入时间计划，然后把不重要的那些慢慢塞进去。这样我们不仅不缺少时间，而且会过得更加充实，也不会错过一个又一个美好的心愿及想做的事。

♡—| 学姐寄语 |—♡

人生就像是一场无法预定期限的旅程，有的人眼见生命无常，有着太多人所不能控制的意外，就从此为借口，不肯好好地爱惜自己，尤其在年轻人身上，更容易看见这种现象，纵情地挥霍生命，不肯用心倾听自己身心的需求，用青春来燃烧自己，所以，这条路你可能走得比别人短些。

唤醒你的潜意识

人的潜意识具有无穷的能量，它是人类最大的力量源泉。现在心理科学已经揭示了潜意识的奥秘，为成大事者走向成功提供了科学的依据。

开发潜意识，就是让你的潜意识为实现你的目标产生作用。人的意识是在人清醒的时候控制自己的言行，使人为自己的目标而努力，而潜意识常常是在睡梦中起作用的。

◆ 潜意识的能量

威尔逊说："潜意识对我的态度和结果有很大的作用。在危急及面临强大的压力时，我需要的指引很快出现。如果我心存怀疑，结果通常是负面的。当我的信念坚定，相信自己能够找到答案时，结果通常是肯定的。"

潜意识在人们的生活中常常发挥着意想不到的作用，使人们在不知不觉中渡过难关。其实，当人的心中为自己树立了奋斗目标以后，意识和潜意识都开始为此工作，只不过我们不太留意潜意识罢了。

一只乌龟来到河边准备过河，这时一只蝎子上来搭话说："我也要到对岸去，你能不能把我放到你的背上载我一起过去？"乌龟笑着说："你以为我是傻瓜吗？一旦你在我背上的时候蜇我怎么办？我可不想冒这个险。"

———｜智｜慧｜心｜语｜———

那些最能干的人，往往是那些即使在最绝望的环境里，仍不断传送成功意念的人。他们不但鼓舞自己，也振奋他人，不达成功，誓不休止。

——安东尼·罗宾

蝎子不屑地说："我看你白活了这么多年，你连基本的逻辑都不懂，如果过河的时候我蜇死了你，我不也跟着淹死了吗？"于是乌龟就同意背蝎子过河，刚到了河中央，蝎子就蜇了乌龟。乌龟临死前问蝎子："你的逻辑哪里去了？"

蝎子说："我也后悔，我自己也活不成了。我是承诺过不蜇你，但这不是逻辑的问题，我可以那样说，但实际上我做不到，这是我的本性，理智上我知道不应该蜇你，但我没有办法不这样。"

上面是《伊索寓言》里的一个故事。我们常说"我无法控制住自己"，这个"我"就是有意识的头脑，这个"自己"则是内在无意识的冲动。我们内在有意识和潜意识两个部分，我们既是控制者，同时又是被控制者。

◆ 把潜意识催唤出来

每个人对于自己的最大才能、最大力量总不能完全认识，除非经历大责任、大变故或生命中的大危难的磨炼，才能把它催唤出来。

好莱坞巨星金·凯瑞就是一个最佳实践者。

大概在金·凯瑞十几岁的时候，他就下定决心一定要成功。他的家庭背景不是很好，所以他每天只好在那里搞笑，每天看着镜子做那些奇怪的鬼脸。如果你看过金·凯瑞的电影，你一定会很好奇地想，他的嘴巴怎么可以张那么大？他的脸怎么可以歪成那个样子？事实上那是他连续练习15年的结果。

在那个时候，金·凯瑞下定决心一定要成功，当时，他运用了潜意识的力量。有一天，他拿出一张空白支票，在上面写着："这张支票要付给金·凯瑞1000万美金……"后来他就把这张空白支票携带在自己身上。每天有空的时候，就把这张支票拿出来看——"金·凯瑞得到1000万美金……"，每天这样看。很巧的是，在金·凯瑞从事电影事业的第二年，他得到一个契约，高达2000万美金的一部片子，超过了他原来的期望。

金·凯瑞的父亲过世后，他来到父亲的墓地，把那张空白支票摆在父亲墓碑旁边，他说："父亲，我终于成功了！"

潜意识的力量无所不能，任何一个成功的人都运用了潜意识的力量，所以，我们也可以让我们的梦想运用潜意识来实现！

许多人，非到了认识到可能帮助自己达到成功的外力已经失掉，非到了在他们的生命中最宝贵的东西都已丧失的时候，才发现自己的才能。我们最大的力量，潜伏在我们生命的内部，必须有大的变故、大的危难才能把它激发出来。

♡—| 学 姐 寄 语 |—♡

许多人为人一世，从没有深入自己意识内层，发掘自己生命的大源泉，所以他们的生命是枯燥、渺小的。但假如我们能深掘我们的潜意识，我们将发现生命之大源泉，这种源泉，我们一旦饮过，即永远不致感到口渴，因为在那时候，"宇宙万物皆属于我矣"！

语不惊人死不休

大咖故事会

  杜甫是著名的"诗圣"，他的诗歌反映了世间百态，是一部活生生的历史教材。杜甫是初唐诗人杜审言之孙。他自小好学，7岁便能作诗，有志于"致君尧舜上，再使风俗淳"。20岁时漫游吴越，后在洛阳与李白相识，两位文化名人的思想碰撞，使得二人的诗歌更加广泛和深刻。

  杜甫35岁到长安应试，落第之后客居长安10年。唐玄宗天宝五年（746年）至天宝十四年（755年）的10年，是杜甫困顿的10年。他为了解决衣食之忧，在贵族府邸间四处奔走，写些应景的诗歌取悦贵族，以获得少许的资助，最后才得到右卫率府兵曹参军（主要是看守兵甲器仗，管理门禁锁钥）这样的小官。

  由于长期奔走献赋，郁郁不得志，加之仕途失意导致的贫困生活，杜甫对朝廷政治、社会现实的认识达到了新的高度。其间他写了《兵车行》《丽人行》等批评时政、讽刺权贵的诗篇。在《自京赴奉先县咏怀五百字》中，他终于一鼓作气，大声疾呼："朱门酒肉臭，路有冻死骨。"这千古不朽的诗句，被世世代代的中国人所铭记。这种从对贵族的阿附到对贵族的批判的转变在杜甫身上是一个渐进的过程。他受够了冷遇之后，才看清楚世间的疾苦，他的笔从此不再是筵席上的装饰，而是大众的喉舌，唱出了历史的真貌。杜甫一生写下了一千多首诗，其中著名的有"三吏""三别"《兵车行》《茅屋为秋风所破歌》《春夜喜雨》《登高》等。杜甫的诗充分表达了他对人民的深刻同情，揭露了封建社会剥削者与被剥削者之间的尖锐对立。杜甫以积极的入世精神，勇敢、忠实、深刻地反映了极为广泛的社会现实，无论在怎样一种险恶的形势下，他都没有失去信心。"语不惊人死不休"是他的创作风格。

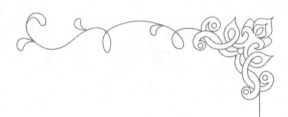

PART 05
升华你的坚韧与执着

　　在面对人生的挑战时，你是否能有坚定的信念，不轻言放弃，不轻易动摇？在漆黑无尽的暗夜里，是否会相信，只要心中怀有希望，就会迎来黎明的曙光？绝不轻言放弃，让我们用那颗执着的心，去克服重重难关，突破每个瓶颈，人生将会在这坚韧奋斗中，逐步踏上新的高峰！

尝试与失败为进步之母。

——［捷］雅罗斯拉·海洛夫斯基

执着需要信仰的支持

执着是一种精神，它需要信仰的支持。人不能没有信仰，信仰不仅使人与动物区别开来，而且它还是你走向成功的起点。

正如古罗马的大哲学家奥古斯丁所说的那样："信仰是去相信我们所未看见的，而这种信仰的回报，是看见我们所相信的。"

◆ 信仰是一种责任

信仰是人的一种主观意识，却绝不抽象。从小处讲，信仰就是一个人所追求的目标，而目标是任何行动的前提。没有目标的人，就像是浮萍漂荡于水面，很难把全部的力量和智慧集中到某一点上，因此就不可能创造辉煌的人生。从大处讲，信仰就是一种责任，一种能使自己的价值发挥到极点的使命感。拥有使命感的人，会感到自己的奋斗充满了意义，从而超脱了个体的渺小。

澳洲曾经出现过一个野蛮民族，族人不分男女老幼，个个孔武有力，赤手空拳也能和猛兽搏斗。残暴的性情加上天赋的力量，令其他弱小的族群长期生活在他们的欺凌之下。

但经过调查发现，这支民族却是后来澳洲所有稀少民族中最先灭亡的一支。听说，有人暗查出这个民族传袭着

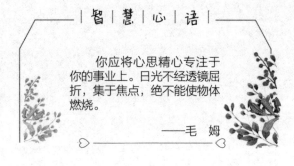

|智|慧|心|语|

你应将心思精心专注于你的事业上。日光不经透镜屈折，集于焦点，绝不能使物体燃烧。

——毛姆

一种奇怪的信仰——禁止洗澡。他们认为身体的污垢是神赐的礼物，若是加以洗净，力量就会消失，形同软弱的兔子，毫无反抗之力，只能任敌人宰割。

于是，几支弱小民族联合起来，在一个风雨交加的夜晚，将暴涨的河水导进他们所居住的洞穴。果然，突如其来的河水冲刷，令他们发出惊惶的哀号，一时之间，仿佛失去了所有的力量，一个个痴呆地瘫倒在地。当一支支石刀刺进他们的胸膛时，尽管鲜血四溅，他们却在相信力量已经完全消失的心理因素下，不做任何抵抗。

人就应该像宇宙中的恒星一样，有目标，有方向，有理想，有追求。只要自己觉得是对的，就照自己的想法尽力去做，不管别人如何评论。只要自己是正义的，是正确的，就要坚持，要有一种坚强、执着的精神。我们要做一颗颗恒星，无私奉献，坚持真理，为了美好的明天，不懈地努力。

◆ 以什么样的态度对待压力

光有信仰，也是不够的，我们还要学会承受压力。

所谓压力，其实就是指一种作用于身体、使人紧张的力量。从通俗的角度来理解，压力就是困难。只有首先不被困难吓倒的人，才能有机会去克服它。积极的紧张会增加干劲，使人兴奋；而消极的紧张会使人感到不安，举止失措。这里很关键的一点，那就是你以什么样的态度来对待压力。

美国麻省理工学院曾经做过一个很有意思的实验。实验人员用很多铁

圈将一个小南瓜整个箍住，以观察当南瓜逐渐长大时，对这个铁圈产生的压力有多大。最初他们估计南瓜最大能够承受 500 磅的压力。在实验的第一个月，南瓜承受了 500 磅的压力；到第二个月时，这个南瓜承受了 1500 磅的压力；当它承受到 2000 磅的压力时，研究人员必须对铁圈加固，以免南瓜将铁圈撑开。最后，整个南瓜承受了超过 5000 磅的压力后，瓜皮才开始破裂。

他们打开南瓜，发现它已经无法食用，因为它的中间充满了层层坚韧牢固的纤维。为了吸收充足的养分，以便于突破限制它生长的铁圈，它所有的根往不同的方向全方位地伸展，直到控制了整个花园的土壤与资源！

由南瓜的成长想到人生。我们对于自己能够变得多坚强常常毫无概念，假如南瓜能够承受如此巨大的压力，那么人类在相同的环境下又能承受多少呢？

古人云："天下有大勇者，骤然临之而不惊，无故加之而不怒。"然而，这些"大勇者"之所以能够具有这种处变不惊的本事，并非是来自天生，而主要是来自后天的磨炼。究其根本，是因为他们承受住了太多的压力，因此，他们已不再畏惧压力。

♡—| 学 姐 寄 语 |—♡

不管是在学业上，还是在感情上，仅有执着的精神是不够的，我们要学会在压力中生存，只有承受住压力，才能追求到目标。一般案大成者往往都要经受住巨大的压力，也只有在压力中，才能体现出他们伟大的人格。

力量的秘密在于专注

专注贵在自知：做最擅长的事；专注贵在专一：把一件事做到最好；专注贵在执着：不达目的不罢休；专注贵在自信：相信付出终有回报。

你只要将心中的一切杂念清除得干干净净，只有一个创造的日子要计划，那你就可以对准你的目标向前挺进了。

◆ 一件事原则

一个人的精力是有限的，把精力分散在好几件事情上，不是明智的选择，也是不切实际的考虑。在这里，我们提出"一件事原则"，即专心地做好一件事，就能有所收益，能突破人生困境。这样做的好处是不至于因为一下想做太多的事，结果一件事都做不好，两手空空。

想成大事者不能把精力同时集中于几件事上，只能关注其中之一。也就是说，我们不能因为从事分外工作而分散了我们的精力。

如果大多数人集中精力专注于一项工作，他们就能把这项工作做得很好。

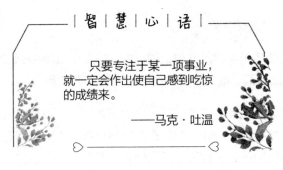

法国作家莫泊桑，很小便表现出了出众的聪明才智。一天，莫泊桑跟舅父去拜访他的好友——著名作家福楼拜。舅父想推荐福楼拜做莫泊桑的文学导师。可是，莫泊桑却骄傲地问福楼拜究竟会些什么，福楼拜反问莫泊桑会些什么，莫泊桑得意地说："我什么都会，只要你知道的，我就会。"

福楼拜不慌不忙地说："那好，你就先跟我说说你每天的学习情况吧。"莫泊桑自信地说："我上午用两个小时来读书写作，用另两个小时来弹钢琴，下午则用一个小时向邻居学习修理汽车，用三个小时来练习踢足球，晚上我会去烧烤店学习怎样制作烧鹅，星期天则去乡下种菜。"说完后，莫泊桑得意地反问道："福楼拜先生，您每天的工作情况又是怎样的呢？"

福楼拜笑了笑说："我每天上午用四个小时来读书写作，下午用四个小时来读书写作，晚上我还会用四个小时来读书写作。"莫泊桑不解地问："难道您就不会别的了吗？"福楼拜没有回答，而是接着问："你究竟有什么特长，比如有哪样事情你做得特别好？"这下，莫泊桑答不上来了。于是他便问福楼拜："那么，您的特长又是什么呢？"福楼拜说："写作。"原来特长便是专心地做一件事情。莫泊桑下决心拜福楼拜为文学导师，一心一意地读书写作，最终取得了丰硕的成果。

在对一百多位在其本行业获得杰出成就的男女人士的商业哲学观点进行分析之后，有人发现了这样一个事实：他们每个人都具有专心致志和明确果断的优点。

做事有明确的目标，不仅会帮助你培养出能够迅速作出决定的习惯，还会帮助你把全部的注意力集中在一项工作上，直到你完成这项工作为止。

◆ 自信心是"专心"的主要因素

专心就是把意识集中在某一个特定欲望上的行为，并要一直集中到已经找出实现这个欲望的方法，而且成大事者将之付诸实际行动为止。

自信心和欲望是构成成大事者的"专心"行为的主要因素。没有这些因素，专心致志的神奇力量将毫无用处。为什么只有很少数的人能够拥有这种神奇的力量？其主要原因是大多数人缺乏自信心，而且没有什么特别的欲望。

对于任何东西，你都可以渴望得到，而且只要你的需求合乎理性，并且愿望十分热烈，那么"专心"这种力量将会帮助你得到它。

世界美术史上最伟大的后印象主义绘画大师梵高，由于偶然的原因迷上了绘画。他决定把绘画当成自己这辈子唯一的事业去为之奋斗。于是他在家里支起了画架，没完没了地练习。父亲在看了他的涂鸦之后破口大骂说："你竟然连一条手臂都画不像，你还想做画家？算了吧，没出息的东西。"

父亲的责骂一点儿也没有动摇梵高从事绘画的决心。几年之内，他画出了《食土豆者》《河上的妇人》和《向日葵》等大量素描和油画。但是对梵高的作品，所有的人都嗤之以鼻。

他们无法接受作品中那种令人心颤的扭曲和热烈的色彩。为了坚持绘画，梵高一生一贫如洗，穷困潦倒，生前仅仅卖出过一幅画。但在他去世很多年后，他作品中体现的艺术魅力和超前的创新意识被后世所发现，一夜之间，他的所有油画、素描甚至当时写生用的废纸都被作为艺术品来收藏。

假设你准备成为一个作家，或者一位杰出的演说家，那么你最好在每天就寝前及起床后，花上十分钟，把你的思想集中在这个愿望上，以决定应该如何进行，才有可能把它变成现实。

当你要专心致志地集中你的思想时，就应该把你的眼光望向一年、三年、五年甚至十年后，幻想你自己是这个时代最有力量的演说家；假设你拥有相当不错的收入，假想你利用演说报酬购买了自己的房子。唯有专注于这些想象，才有可能为之付出努力，从而美梦成真。一次只专心地做一件事，全身心地投入并积极地希望它成功，这样你的心里就不会感到筋疲力尽。不要让你的思维转到别的事情、别的需要或别的想法上去。专心于你已经决定去做的那个重要项目，放弃其他所有的事。

♡─| 学 姐 寄 语 |─♡

　　如果你把自己弄得筋疲力尽和失去控制，那你就是在浪费你的效率、健康和快乐。选择最重要的事先做，把其他的事放在一边。做得少一点，做得好一点，才能在工作中得到更多的快乐。

在认准的事情上较真

耐心，坚持，是一切成长、一切收获的必要品质。任何一个人，如果连一点耐心和坚持都没有，那就很难有所成就，除非他真的是天才！而事实上，那些有成就的天才，他们之所以能有常人不及的成就和收获，也是因为他们具有常人所不及的耐心和坚持品质。没有一株花草，不坚持、无耐心，就能收获累累果实；没有一棵树，不坚持、无耐心，就能成长为参天大树。

◆ 成功往往就在于再坚持一下

决心获得成功的人都知道，进步是一点一滴不断努力得来的。坚持，坚持，再坚持，是实现目标的必要心志，成功往往就在于再坚持一下的努力之中。

尼克·胡哲生于澳洲，天生没有四肢，这种罕见的现象医学上叫"海豹肢症"，但更不可思议的是：骑马、打鼓、游泳、足球，胡哲样样皆能，在他看来没有难成的事。他拥有两个学士学位，是著名演说家。

在胡哲的人生体验中，有这么一个关键词，就是"永不放弃"。这个

100

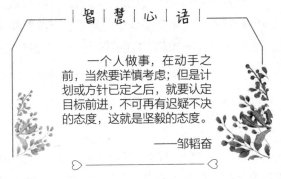

| 智 | 慧 | 心 | 语 |

一个人做事，在动手之前，当然要详慎考虑；但是计划或方针已定之后，就要认定目标前进，不可再有迟疑不决的态度，这就是坚毅的态度。

——邹韬奋

词对他的成长，真的是太重要了。无论是用额头按饮水器倒水，还是用"小鸡脚"做各种各样的动作，胡哲在最初尝试的时候都要经过几十次，甚至上百次的失败，才能掌握这种技巧。

每当失败的时候，胡哲总是对自己说："失败不可怕，要继续尝试。只要坚持，一切皆有可能！"

也许你不比别人聪明，也许你有某种缺陷，但你却不一定不如别人成功，只要你多一份坚持，多一份忍耐。

◆ 按部就班是实现目标的唯一做法

决心获得成功的人都知道，进步是一点一滴不断努力得来的。例如，房屋是由一砖一瓦堆砌成的，足球比赛的最后胜利是由一次一次的得分累积而成的，所以每个重大的成就都是由一系列的小成就累积成的。按部就班下去是实现任何目标唯一的聪明做法。

有这样一则寓言：两只青蛙在觅食时，不小心掉进了路边一只牛奶罐里，牛奶罐里还有为数不多的牛奶，但是足以让这两只青蛙体验到什么叫灭顶之灾。

一只青蛙想：完了，完了，全完了，这么高的一只牛奶罐，我是永远也出不去了。于是，它很快就沉了下去。另一只青蛙在看见同伴沉没于牛奶中时，并没有放弃，而是不断告诫自己："上帝给了我坚强的意志和发达的肌肉，我一定能够跳出去。"它鼓起勇气，鼓足力量，一次又一次奋起跳跃——生命的力量与美展现在它每一次搏击与奋斗里。

不知过了多久，它突然发现脚下黏稠的牛奶变得坚实起来。原来，它的反复践踏和跳动，已经把液状的牛奶变成了一块奶酪！不懈的奋斗和挣扎终于换来了自由的那一刻。它从牛奶罐里轻盈地跳了出来，重新回到了绿色的池塘里，而那只沉没的青蛙就那样留在了那块奶酪里，它做梦都没有想到会有机会逃离险境。"继续走完下一里路"的原则不仅对别人很有用，对你也很有用。

教授每一次的演讲，科学家每一次的实验，都是向前跨一步，更上一层楼的好机会。

有时某些人看似一夜成名，但是如果你仔细看看他们过去的历史，就知道他们的成功并不是偶然得来的，他们早已投入了无数心血，打好了坚实的基础。那些大起大落的人物，声名来得快，去得也快。他们的成功往往只是昙花一现而已，他们并没有深厚的根基与雄厚的实力。

富丽堂皇的建筑物是由一块块独立的石块砌成的，石块本身并不美观。你构筑成功生活的心态也是如此。

◇—| 学 姐 寄 语 |—◇

诱惑太多，执着不容易，初入社会，真的不要被浮躁架空，真的不要目光短浅，就算暂时况在基层，只要功夫到了，积攒到更多的能量，一定可以高飞。

专注的精神，勤奋的态度

古希腊哲学家泰勒斯因专注于天上的繁星，不慎跌入深坑。这看似愚蠢的行为，招来了人们的不解与嘲笑。其实，一个人要有自由探索的精神，抱有痴迷的态度，才能成就卓越。

放眼古今中外，那些有杰出成就的人，往往有对事业的痴迷和执着。如果将人的一生所要完成的事业比作一艘轮船，那么痴迷的态度或专注的精神，则是轮船坚实的钢板，勤奋、创新、智慧是助船加速航行的辅助，而且是必不可少的辅助。

◆ 非凡的投入才会有非凡的成就

如果你对一项工作用心到了"痴迷"的程度，那这个世界上就再也没有什么事可以阻挡你的成功。牛顿指出："非凡的投入才会有非凡的成就，这是一条永恒的真理。"

牛顿有一次请人吃饭，客人已经到了，仆人把饭菜摆上桌，可迟迟不见主人的踪影，原来牛顿又躲进实验室做他的实验去了。一进入科学的天地，牛顿就忘记了外界的一切。客人只好自己吃完饭告辞走了。牛顿直到得出了满意的实验结果之后才走出实验室，来到餐厅，当他看到客人吃剩的骨头，恍然大悟道："我还以为该吃

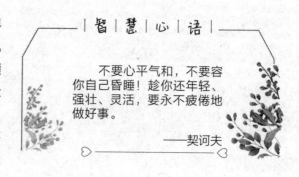

|智|慧|心|语|

不要心平气和，不要容你自己昏睡！趁你还年轻、强壮、灵活，要永不疲倦地做好事。

——契诃夫

饭了呢，原来我早已吃过了！"正是这样一种"痴迷"的精神才使他全身心地投入科学研究，成为历史上伟大的科学家、经典物理学的奠基人。

黑格尔说："只有那些永远躺在坑里永不仰望高空的人，才不会掉进坑里。"而那些人，也注定无法拥有探索、发现的潜质，终其一生，碌碌无为。

◆ **勤能补拙是良训**

人唯有在喜欢的工作里，活得才有意义。当然，不是人人都能做自己喜欢的工作，这时，就要学会调整自己的心态，心生欢喜，去喜欢自己从事的工作。

力量只属于一直工作的人，闲人总是无力的。这个世界真正的主宰者是那些辛勤劳动的人。没有一个功名显赫而又贤明的领导人是不勤劳的。

王亚南是中国现代著名的经济学家和教育家。他在读中学时，为了争取更多的时间读书，特意把自己睡的木板床的一条腿锯短半尺，成为三脚床。每天读到深夜，疲劳时上床去睡一觉后迷糊中一翻身，床向短脚方向倾斜过去，他一下子被惊醒过来，便立刻下床，伏案夜读。天天如此，从未间断。结果他年年都取得优异的成绩，被誉为班内的"三杰"之一。他由于少年时勤奋刻苦读书，后来，终于成为我国杰出的经济学家。

路易十四说："王者，于勤勉中治人。"工作中表现出来的活力，正是古往今来那些杰出人物的与众不同之处。

事实上，这种持续充实的工作以及与他人的交往和信念，永远都是人类天性中最好、最成熟的一面。处世的习惯，在所有的领域中都是一样有用的：政治、文学、科学或艺术。很多优秀的文学作品都是由那些在工作中受到系统训练的人写出来的。在某一领域中造就出的一个人的勤奋、实践能力以及对时间、劳动效率的把握，都使他在另一个领域中也同样有所作为。

♡—| 学姐寄语 |—♡

最伟大的天才无一例外都是最好的实干家，即使称他们是做苦工也不为过。他们不仅仅比常人工作得更辛苦，而且对工作投入了更强的能力与更高的热情。没有什么伟大而长久的事业是可以一蹴而就的，只有通过非凡的耐心与劳动才能造就出天才的杰作。

书道入神，落纸云烟

大咖故事会

我国古代书法评论家在对历史上的那些书法大家赞颂的时候，都往往还有些许批评的意见，只有张旭，无人道其短，一派溢美之词。

唐代大文学家韩愈赞张旭的书法为："观于物，见山水崖谷、鸟兽虫鱼、歌舞战斗、天地事物之变，可喜可愕，一寓于书。"由此可见，张旭对生活观察入微，把对生活的领悟都化入了书法之中。

唐人张固《幽闲鼓吹》中记述过这样一则故事。张旭在任常熟县尉的时候，在日常的判案中还学习了书法。事情是这样的：张旭刚刚到常熟任县尉才十多天时，有一个老翁为了一件小事到县衙内告状，案情非常简单，张旭很快做了处理，当时就龙飞凤舞地给老翁写了一张判决书。没想到没过两天，这个老翁又来到县衙，声称这个判决有误，请求重判。张旭非常恼火，责备这个老翁道："你怎么敢为了一件细小闲事屡次来求判，吵扰衙门！"这个老翁回答说："我实在不是为了再来求判，而是因为看到你上次判决书上的书法笔迹非常奇妙，想多得一些作为墨宝珍藏起来。"张旭听到老翁赏识他的书法，有了遇到知音的感慨，不由得和他攀谈起来。当张旭在谈话间得知这老翁家藏有先父的遗墨精品时，就要他拿来观摩。张旭看到老翁先父的墨迹时，惊呼"天下工书者也"，捧着墨宝欣喜不已。从此张旭尽得运用笔法的妙旨，书艺大进，成了冠绝当时的一代书法大家。他的作品博大清新、纵逸豪放，远远超过了前代书法家的作品，具有强烈的时代气息。

杜甫在《饮中八仙歌》中写道："张旭三杯草圣传，脱帽露顶王公前，挥毫落纸如云烟。"张旭注重用传统技法表现自己的个性，而在书法上的创造力，使他成为无愧于盛唐的大书法家。

PART 06

良好的内在修养，
适度的外在形象

没有人有义务必须透过连你自己都毫不在意的邋遢外
表，去发现你优秀的内在。你必须精致，这是做人的尊严。
拥有好的生活习惯，穿戴整洁美观，能让别人首先尊重你。

名声最显赫的并不总是最杰出的。

——［古罗马］小普林尼

适度的形象让你大放光彩

我们大多数人，都是普通的人，普通的相貌，自然不会有夸张的影响。不过，由此我们必须明白一点，外在对一个人发展的影响还是不小的。作为一个智慧的人，应该懂得，在修好自己内在，让自己肚子里有货的同时，适当地注意自己的外在形象，是很有必要的。良好的内在修养、学识、才华，再加上合理适度的外在形象，必然让你大放光彩！

◆ "成功孕育新的成功"原则

成大事者总是以自己杰出的工作表现赢得人们的赞誉，人们常常可以从成功者昔日的工作记录，或仅仅通过目睹他们工作时的风采，就知道这个人是多么了不起，从而认可他。所以塑造一个成功形象的最好方法是工作成绩突出，在自己所从事的领域里尽力表现非凡。

郭晶晶，前中国跳水队运动员，曾多次获得世界冠军。然而，辉煌的背后是她一步步走过的荆棘之路。7 岁开始练跳水，15 岁首次参加奥运会一无所获，1998 年参加世锦赛，获女子跳台第二名，在之后的几年赛事中，她始终与冠军宝座失之交臂。巨大的压力，残酷的现实，并没有让她意志消沉、打退堂鼓。相反，基于对跳水运动的喜爱，她以坚忍的毅力和不服输的信心，加之更为艰苦的训练坚持

| 智 | 慧 | 心 | 语 |

在缺乏教养的人身上，勇敢就会成为粗暴，常识就会成为迂腐，机智就会成为逗趣，质朴就会成为粗鲁，温厚就会成为谄媚。

——洛 克

着。终于，她从雅典奥运会拿回两枚金牌，并在北京奥运会上，又获得了两枚沉甸甸的金牌，演绎了一出完美的落幕。

郭晶晶说："因为喜欢，才会投入，才会愿意付出。"

成功的背后是一路走过的荆棘之路，我们寻找她动力的源泉，可以看到，对跳水的热爱是支持她战胜种种艰辛、勇往直前的动力。

由此可见，兴趣是成功的奠基石，兴趣对职业发展的影响是职业是否能走向真正成功的重要决定因素。对职业的兴趣能让自己全身心地投入工作中，不计较得失，更能忍受成功前的寂寞，加快职业生涯发展的步伐。

运用"成功孕育新的成功"原则来塑造成功形象的技巧是：有一副看上去很成功的外表。"成功孕育新的成功"原则，要求用那些可以提高你的形象的象征物来装饰你的墙壁。学位、学术证书以及类似的东西都能很准确地告诉别人，你是多么出色。你获得的奖章、奖状也有同样的效果。

◆ 恰当的幽默展现优秀品质

具有适当的幽默感，不仅能给你的事业带来极大的好处，而且会使你的工作更有乐趣。幽默可以消除紧张情绪，创造一种轻松愉快的工作气氛，从而使你的事业更为成功。

恰当的幽默同样也是塑造成功形象的一个因素。每当面临选择时，绝大多数人都愿意与那些具有幽默感的人打交道。

贝尔拉是法国著名的剧作家。有一次，他到一家一流的餐馆进餐，侍者送来汤后，贝尔拉说："我不能喝这种汤。"这家餐馆是以礼貌待客而著称的，侍者走过来道歉后又把汤端走，然后送上菜单。贝尔拉另要了一种汤，当汤送上来时，贝尔拉又说："我不能喝这种汤。"这一下侍者慌了，忙去告诉经理，经理对贝尔拉说："先生，你对刚才送来的汤有什么意见吗？那两种汤很多顾客都赞不绝口呢！"贝尔拉说："我也是同样的看法，不过我不能喝它。"经理问："那为什么呢？"贝尔拉的回答令人忍俊不禁："因为没有汤匙。"

在提倡幽默感的同时，必须强调，它只能像任何其他事情一样，要运用得当。通常情况下，幽默确实可以帮助你打开僵局，但在某些特定场合也许会适得其反。掌握"火候"非常重要，否则，就可能弄巧成拙。

◇—| 学 姐 寄 语 |—♡

在当今社会中，因为压力和紧张情绪比较普遍，许多人灰心丧气，精神萎靡，所以恰当的幽默就显得越来越重要，它经常是缓和难堪局面的最好办法。如果你天生就有幽默感，那一定要发扬它，因为这无疑是一种优秀的品质，人们会因此而乐意与你共事。

塑造你的成功个性

所谓个性，不过是源自对生活的独特领悟和由此而生的特异的行为姿态。我们应该学会为自己选择独特的生存尺度，努力让我们更美好、更杰出。

面对工作、学习、生活环境的改变，能主动调节自己的心态，并积极地去适应新的环境，不会产生长久的郁闷、痛苦、自怜心理。

◆ 坚持自己的个性

一个天才因模仿另一个天才而成了庸才，这种现象存在于人类社会的各个行业。无论在哪个领域，大师级的人物之所以寥若晨星，绝不是因为天生的庸才太多，而是因为有太多的天才因模仿而成了庸才。

千万不要丢失自己的个性，那是一个人唯一真正有价值的地方。综观古今，凡是成就了一番事业的人，都是坚持自己的个性和特色，敢于从流俗和惯例中出列的人。

有位男孩，通常36个小时不睡觉，然后倒头便睡上10来个小时，有时甚至在课堂上鼾声大作。他睡觉的习惯很独特，累了的时候，就躺在他那张乱糟糟的床上，拉过一条毯子盖在头上。不管何时也不管环境如何喧闹，他总能马上进入甜甜的梦乡。

这位男孩在谈话、阅读或沉思时，总习惯把头置于双手之间，身体前后猛烈地摇摆。有时为了表达自己的观点，他甚至还会疯狂地挥舞手臂。

这位男孩喜欢辩论，辩论的时候语调尖锐高亢，满口俗话，态度傲慢甚至粗鲁。在他表达观点时，如果有人激怒他的话，他会暴跳如雷。但是，他的动作又隐藏着充沛的精力和高昂的情绪。

这位男孩工作后，这种个性也没改变。长不大的娃娃脸、清瘦的外形、蓬乱的头发，是这个大男孩的典型外在形象。

对这位男孩，有人目睹他的邋遢和无修养后，说他将来顶多是个仓库保管员或仆从；有人发现他旺盛而充沛的精力后大加赞叹，说他将来必定有远大前程。有人认为他无情且缺乏道德，将来会被社会抛弃；有人认为他精明干练，将来必定飞黄腾达。

尽管毁誉参半，可谁也没有想到，这位外表极为普通的人，却成为令人敬畏的商业巨子，他就是比尔·盖茨。

至今，盖茨仍旧喜欢舒适地坐在电脑前，一边吃比萨，一边喝可乐，彻夜不眠地编写电脑程序。不过，现在已没有人再把盖茨当成小孩子，反而时常还有人会提醒盖茨说他是世界上最富有的人。

名人似乎总有与众不同之处，盖茨之所以会成为当今世界的显赫人物，其独特的性格特征也许早已注定了他的非同寻常。不同的人看后，评论不一，是因为他们的观点思维不在一个层面上。

留住个性，就是在别人欣赏的目光下，茁壮成长；留住个性，就是要抵挡住目光短浅人士的风言冷语，挺起胸膛去走自己的路。

◆ 塑造成功个性的几个方面

在塑造个性的过程中，时时处处都表现出每个个体对外界事物特有的动机、愿望、定势和亲合力，从而发展为各自的态度体系和内心环境，形成个人对人、对事、对自己的独特的行为方式和个性倾向。塑造成功个性需注意以下几个方面。

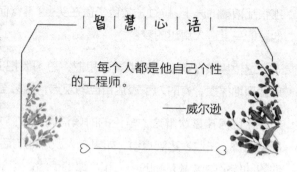

| 智 | 慧 | 心 | 语 |

每个人都是他自己个性的工程师。

——威尔逊

现实态度

一个成大事的人会勇敢地面对现实生活，不管他是愉快还是痛苦。比如，一个人喜欢开车，他能意识到开车的种种危险，所以经常检查车的各种部件，以免发生意外，这就是一种正常心理。

具有独立意识

一个心理健全的人办事比较理智、稳重，并能适当地接纳别人的意见。对于他自己的事情，能作出决定并勇于承担由自己行为带来的后果。

适当地依靠别人

不把自己和他人绝对地分离开来，能接受别人对自己的关爱。这在爱情和友谊中体现得最多。

爱别人的能力

一个心理健全的人具有爱心，富有同情心，他能够从爱自己的家人、朋友中得到生活的乐趣。他从不吝啬对他们的付出，并且能享受到爱的幸福和快乐。

能控制住自己的情绪，突破自己的极限心理

健康的人容易控制好自己的情绪，对一件事情，他可能发发脾气，但不会失去理智，不会为了一件小事就斤斤计较，大发雷霆。

能做好长期计划

心理健全的人能为将来做好打算，可以权衡利弊得失，做好选择。比如，

一对成熟的恋人，为了完成学业或其他需要，会推迟婚期，其出发点是将来的幸福。

能宽容别人

一个心理健康的人能够主动地宽容别人，而不是对别人的过失或错误耿耿于怀。他能站在对方的角度思考问题，而不是心胸狭窄，嫉妒心强，为人刻薄。

具有一定的适应能力

面对工作、学习、生活环境的改变，能主动调节自己的心态，并积极地去适应新的环境，不会产生长久的郁闷、痛苦、自怜心理。

善于休息

心理健康的人懂得如何享受生活，当然是在条件许可的情况下进行。他能够从忙碌中抽出闲暇时间休息，而不是让工作把自己逼得"无处藏身"。

能主动地学习和培养情趣

心理健全的人具有积极上进的心态，能主动地学习各种知识和技能。同时，也注意培养自己的兴趣和爱好。使自己性格绝对成熟和完善是不现实的，每个人在性格上或多或少都有一些缺点，但可以根据自身情况纠正。只有具有健全的性格，你才能较快、较好地融入社会中，才能为自己赢得一片天空。

了解你的性格

了解自己的性格不是一件容易的事。现在可以根据你的血型了解一下。

人类的血型分为A、B、AB、O四种基本类型，不同血型的人性格也不同。A血型的人，一般比较理智，做事细心谨慎，情绪不易激动，自制力强，有恒心，但做事呆板，不够灵活；B血型的人，性格乐观，精力充沛，反应敏捷，灵活性强，但情绪易变，做事不持久；O血型的人，有较强的意志，比较自信，做事冷静，但比较冷漠；AB血型的人行为怪癖，性格保守。

当然，这只是一般情况，根据对待人际关系的态度和个体心理品质，可以把性格划分为 A、B、C、D、E 五种类型。

A 型性格的人比较有进取心和雄心壮志，但容易急躁，对周围的环境适应性差，人际关系不和谐，他们的行为常引起人们的注意，所以称为行为型。这种性格的人一定要学会克制情绪，勿为小事生气，否则将影响自己的事业。

B 型性格的人情绪比较稳定，但反应较慢，感情不外露，好幻想，又叫安定消极型。这种类型的人应当学会主动与人交往，避免不切实际的幻想。

C 型性格的人不善交际，能力一般，但适应性强，凡事想得开，又叫平均型。此种性格的人要注意提高自身能力，并且要主动培养责任心。

D 型性格的人情绪稳定，为人活泼开朗，善于交际，组织能力强，人际关系好，又称管理者型。

E 型性格的人悲观，总希望逃避现实，消极情绪较多。

了解性格的目的，是为了让自己更清楚地认识自己，也能更好地了解别人，有针对性地改变不良性格，使人际关系更和谐，从而提高适应社会的能力。

学姐寄语

个性是个完整的统一体。一个人的各种个性倾向、心理过程和个性心理特征都是在其标准比较一致的基础上有机地结合在一起的，绝不是偶然性的随机泰合。人是作为整体来认识世界并改变世界的。

你的决定必须有远见

凡事预则立，那些有长远准备的人很容易做成事情。成功或失败都不是一夜造成的，而是一步一步累积的结果。决定给自己制定更高的追求目标，决定掌握自我而不受控于环境，决定把眼光放远，决定采取何种行动，决定继续坚持下去，这种种决定做得好你便能成功，做得不好你便会失败。把你的目光放远些，没有哪个人是因为目光短浅而成功的。

◆ 你的生活全由你决定

人生要想永远快乐，就必须作一个重要的决定，善用人生所给你的一切。如果你确实明白自己努力的目标，如果你真愿意奋力去做，如果你知道什么方法有效，如果这时你能调整做法并好好运用上天给你的一切，那么人生就没有任何做不到的事。

一位优秀的收音机播音员突然被老板开除。他虽然伤心欲绝，却仍然回家热切地向太太宣布："亲爱的，我终于有了自立门户的机会。"

生命中那些最令人沮丧的事情往往是日后能突破现状的原因。那位年轻的播音员真的采取了积极行动，自立了门户。

他创立了"风趣人物"节目。你可能也见过这位 20 世纪 50 年代和 60 年代美国电视屏幕上的风云人物——亚特先生。

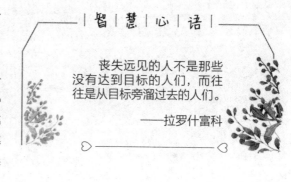

亚特写了一本书叫作《是的，你能够！》，他在书中便提到早年事业上的挫折如何成为他日后成功的跳板。这个原则同样可以运用在我们大多数人身上。失败和被拒绝会成全或毁灭我们的潜能，对那些真正有决心的人，失败往往提供了爬上顶峰不可缺少的决心。

效法亚特，将失望转变为决心，如此一来，将帮助你爬上人生顶峰。

过什么样的生活全在于你自己。你的工具一应俱全，所有资源在握，如何运用全靠你的决定——抉择在你。而且，加入比赛，永不嫌晚。

◆ 决定的真正意义

如果说作决定是这么简单却又深具威力，那么为何大家都不做呢？其中一个理由可能是大家不明白作决定的真正意义，不了解认真决定所带来的改变力量。之所以会这样，全是因为长久以来大家滥用了"决定"这个字眼，扭曲了它真正的意思，使得原先表达做一件事情的坚定意志成为随口说说而已。

当认真地作了个决定后，即使这个决定经过了几番煎熬，大部分的人也会有如释重负之感，内心再轻松不过了。像这样的决定能够带给人真正的力量，做出真正想要的结果来。遗憾的是，我们很少有人认真作出这样的决定，这全因为太久没做而自己不知怎么去做，结果这种作决定的"肌肉"便因此萎缩了。

你可知道要如何使这种肌肉发达吗？那就是经常地去锻炼它，你锻炼越勤，就越能作出好的决定。你要从每次所作的决定中吸取教训，即使是短期内未能奏效的决定也一样，它们可以给你提供宝贵的教训，告诉你日后如何作出更好的判断、作出更佳的决定。作决定就跟运用你的潜能一样，你越常行使就越顺手，越顺手就越能掌握自己的人生。这样你便敢于向未来挑战，把它视为使自己更上一层楼的大好机会。

在任何时刻，都有三个必须作出决定的要素主宰着我们的人生，它决定了日后我们的成就，这三个要素分别是：你要决定怎么看，你要决定怎么想，你要决定怎么做。在这三个主宰人生的要素里并不包括你现在及过去的遭遇，而取决于你对于自己的一切是采取什么样的看法、想法及做法。如果你知道谁比你有更大的成就，不管这个成就是哪一方面的，当然是他在这三个要素上有和你不同的决定。

♡—| 学 姐 寄 语 |—♡

有许多被动的人平庸一辈子,是因为他们一定要等到每一件事情都百分之百的有利,万无一失以后才去做.当然,我们必须追求完美,但是人间的事情没有一件绝对完美或接近完美.等到所有的条件都完美以后才去做,只能永远等下去了.

谦卑是一种力量

谦卑是一种姿态，也是一种胸怀。现实生活中，谦卑往往被误以为是卑微的软弱。一个谦卑的人，他不会极尽地表现自己的优越感，滑稽地以为自己对别人可以骄横跋扈，肆无忌惮地在他人面前无礼、暴虐或乖戾。一个谦卑的人，懂得只有尊重别人才能获得他人的尊重。

我们必须懂得，如果因为过去的成功而沾沾自喜，错误地认为自己最了不起，那就已经面临最大的危险了。持续稳定的结果不仅需要勇气和坚毅，还需要自知之明和谦卑。

◆ 保持一颗谦卑的心

谦卑，是一种姿态，是一种胸襟，也是一种力量。泰戈尔曾经说过：当我们大为谦卑的时候，便是我们最近于伟大的时候。

有一天，苏格拉底和弟子们聚在一起聊天。一位家庭相当富有的学生，趾高气扬地向所有的同学炫耀：他家在雅典附近拥有一望无边的肥沃土地。

当他口若悬河大肆吹嘘的时候，一直在其身旁不动声色的苏格拉底拿

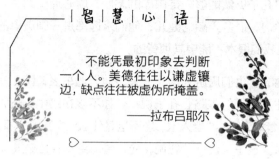

出了一张世界地图，然后说："麻烦你指给我看看，亚细亚在哪里？"

"这一大片全是。"学生指着地图洋洋得意地回答。

"很好！那么，希腊在哪里？"苏格拉底又问。

学生好不容易在地图上将希腊找出来，但和亚细亚相比，的确是太小了。

"雅典在哪儿？"苏格拉底又问。

"雅典，这就更小了，好像是在这儿。"学生指着地图上的一个小点说。

最后，苏格拉底看着他说："现在，请你再指给我看看，你家里那块一望无边的肥沃土地在哪里？"

学生急得满头大汗，还是找不到。他家里那块一望无边的肥沃土地在地图上连个影子也没有。他很尴尬又很觉悟地回答道："对不起，我找不到！"

任何人所拥有的一切，与有大美而不言的天地相比，与浩瀚无际的宇宙相比，都不如沧海之一粟，实在是微不足道。从历史的长河来看，不管我们拥有什么、拥有多少、拥有多久，都只不过是拥有极其渺小的瞬间。人誉我谦，又增一美；自夸自败，又增一毁。因此，无论何时何地，我们永远都应保持一颗谦卑的心。

◆ 谦虚是心胸开阔的表现

加尔多斯说过这样的话：一种美德的幼芽、蓓蕾，这是最宝贵的美德，是一切道德之母，这就是谦逊，有了这种美德我们会其乐无穷。

《尚书》曰：满招损，谦受益，此乃天道。孔子是至圣先师，其闻道、品德岂是我们所能及？但孔子仍然能够秉持谦卑的态度，虚心地向郯子、师襄、苌弘、老聃等人学习。很多弄潮的健儿，他们永远都是一副谦卑的姿态，尽管他们的事业是我们根本不能望其项背的。

春秋时期，孔子和他的学生们周游列国。一天，他们驾车去晋国。一个孩子在路中央玩，挡住了他们的去路。孔子说："你不该在路中央玩，挡住我们的车！"孩子指着地上说："老人家，您看这是什么？"孔子一看，是用碎石瓦片摆的一座城。孩子又说："您说，应该是城给车让路还是车给城让路呢？"孔子觉得这孩子很懂得礼貌，他对学生们说："他可以做我的老师啊！"后来孔子绕道而行。

曾有许多人对牛顿晚年的一段话表示不解，牛顿说："在科学面前，我是一个在岸边拣石子的小孩。"这是真实的感叹！他用毕生的精力去探索宇宙的真相，他不因创立了不朽的定律而狂妄，他的谦卑使他看到了宇宙的浩瀚无垠，也看到了自己的局限和努力的方向。所有称得上大师的人，他们的创造力使他们更为谦卑，也使他们更为准确地找到了自己的位置，从而创造出了更大的人生价值。

◇─┃ 学 姐 寄 语 ┃─◇

谦卑，不是自卑，是自谦，永远保持一份谦卑的情怀，行走在尘世中，在低调做人的谦卑中，修炼自己，提升自己，在自己沉稳从容中，让所有的事情都迎刃而解。

把生命塑造成艺术品

我们的生活不但可以而且应当成为一件艺术品。我们的自我并不是事先给定的，而是由我们每个人用一天一天的生活创造出来的。不能否认，我们的生活和自我正是我们自己做出的一系列选择的结果。人的自我是被发明出来的，而不是被发现出来的。所有有创造力的人要做的第一件事，应当不是去创造小说、诗歌、音乐、美术，而是把自己的生命塑造成一件艺术品。

◆ 让自己的身心更轻松

杰弗逊出身贵族，他的父亲是军中的上将，母亲是名门之后。当时的贵族除了发号施令以外，很少与平民百姓交往。杰弗逊没有秉承贵族阶层的恶习，而是主动与各阶层人士交往。他的朋友中当然不乏社会名流，可更多的却是普普通通的园丁、仆人、农民或者贫穷的工人。他的长处便是善于从各种人那里学习，因为他知道每一个人都有自己的长处，都有金子般发亮的东西。

他 17 岁时就读于威廉玛丽学院，学习成绩非常突出，特别是在语言和历史方面。此外，他对数学、农艺和建筑学等也有浓厚的兴趣。后来他自行设计的蒙蒂塞洛宪邸，既具有传统

| 智 | 慧 | 心 | 语 |

> 只有那些晓得控制他们的缺点，不让这些缺点控制自己的人才是强者。
>
> ——巴尔扎克

的古典式建筑风格，又有个人特色，堪称为当时美国第一流的建筑，至今仍是美国最值得赞美的乡间府第之一。

杰弗逊仪表堂堂，富有朝气，谈吐不凡，喜欢社交。他善于演奏小提琴，常有机会在总督府与一些比他年长一倍多的社会名流一同演奏古典乐曲。杰弗逊跻身于这些名流之中，经常与他们交谈，从中获益匪浅。

有一次，他还劝说法国伟人拉法叶特："你必须像我一样到民众家去走一走，看一看他们的菜碗，尝一尝他们吃的面包。只要你这样做了，你就会了解到民众不满的原因，并会懂得正在酝酿的法国革命的意义了。"

人的本质并不是一种与生俱来的、固定的、普遍的东西，而是由许多带有历史偶然性的规范和准则塑造而成的，而那些规范和准则，又是由每个人都必须在其中成长的风俗、习惯和制度所规定的。

◆ **争取一身轻松的状态**

人生能够为自己争取到一身轻松的状态才算进入佳境。

这个一身轻松首先是指肉体上的轻松。人如果需要强度较高感到费力的劳作，就没达到这个境界；如果罹患疾病，也没有达到这个境界。

其次是指人际关系上的轻松。人如果陷入和他人的痛苦关系，就没达到这个境界。比如跟父母亲属有矛盾，他们会不时困扰自己；又如陷入与另一个人的情感纠葛甚至单恋，那样的处境简直就是挣扎，离轻松愉快有

千里之遥。

再次是指精神上的轻松。人如果陷入精神上的压抑或抑郁，也就达不到这种境界。正如叔本华的钟摆理论，人在物质需求得不到满足的时候感觉到痛苦，在物质需求全部得到满足的时候感觉到无聊。无聊导致烦闷甚至焦躁，远非轻松愉快。

学姐寄语

真正要达到身心轻松的境界，不但要摆脱肉体上和人际关系上的困扰，还要设法摆脱精神上的无聊和烦闷，去追求人生之美，像福柯说的，努力把自己的人生塑造成一件美不胜收的艺术品。而当自己的生活成为艺术品时，感觉必定是一身轻松的。

心思用到分寸之上

大咖故事会

在我国北宋时代，有一位非常博学多才、成就显著的科学家，他就是沈括——我国历史上最卓越的科学家之一。

沈括十分重视发展农业生产和兴修水利。兴修水利，整治沭水，是他早期从政的一项重要活动。沭水是沭阳境内的主河。沈括率数万民夫修筑渠堰，新整农田七千顷。沭阳面貌为之焕然一新，而那时他只有24岁。

继整治沭水之后，沈括又在宁国任职期间，参与修筑芜湖万春圩田的工程，显示出了他对水利科学理论的深刻造诣。这些都为他治理汴河打下了坚实的理论基础，并积累了丰富的实践经验。

熙宁五年（1072年），沈括主持了汴河的水利建设。为了治理汴河，沈括亲自测量了汴河下游，从开封到泗州淮河岸共840多里河段的地势。在当时，对于如何精确地测量，大家心里都没有底，毕竟800多里地不是一段短距离。在这样广袤的土地上，在通信极为落后的宋代，在封建社会缓慢的行政效率下，沈括却做到了精确测量。

他采用"分层筑堰测量法"，测得开封和泗州之间地势高度相差十九丈四尺八寸六分。这种地形测量法，是把汴渠分成许多段，分层筑成台阶形的堤堰，引水灌注入内，然后逐级测量各段水面，累计各段水面的差，总和就是开封和泗州间"地势高下之实"。这在世界水利史上是一个创举。仅仅四五年时间里，就取得引水淤田一万七千多顷的显著成绩。在对地势高度计算时，其单位竟细到了寸分。

PART 07

拥抱卓越，
做超出预想的自己

从蛹变成蝶，是从成长变为成熟，是一切有价值人生必经的过程。虽然这个过程无比痛苦，但却是不可缺少的。因为这不仅仅是形态的改变，更是生活方式和状态的改变。如果不走出这个已适应了的、舒适的环境，我们就无法去开拓一片全新的天地，书写辉煌的人生。

欢乐是短暂的，荣誉才是不朽的。

——［古希腊］佩里安德

明确的目标让你精神十足

认清自己和找到人生的目标，确实是每个人都躲不开的难题，可是，很多人终其一生也没有得到答案。

感觉，这种最虚无缥缈的东西，才是一个人活下来的动力。由此，要找到人生的目标，一定要先从回忆你最美好的感觉开始。是和家人在一起的时光，还是在户外呼吸到的新鲜空气，是团队协作攻克一个个难题，还是通过自己的研究得出一个有价值的结论。在这一过程中，切记抛弃道德观念的束缚，喜欢慵懒地躺在沙发上与喜欢成为沙场点兵的成功人士之间，没有好坏和优劣之分。

◆ 目标决定你的人生

世界顶尖潜能大师安东尼·罗宾曾这样说："有什么样的目标，就有什么样的人生。"

当你给自己定下目标之后，目标就会在两个方面起作用：它是你生活的方向，也是对你人生的鞭策。目标给了你一个看得着的射击靶。在你一天天地实现自己定下的目标时，你会从心底里产生一种成就感和幸福感，从而更加努力地去追求目标。

| 智 | 慧 | 心 | 语 |

一个崇高的目标，只要不渝地追求，就会成为壮举。

——华兹华斯

三个工人在砌墙，有人走过来问他们在干什么。

甲没好气地说："没看到我们在砌墙吗？"

乙说："我们在建造一座雄伟的大楼。"

丙吹着快乐的口哨，高兴地说："我们正在建设一座美丽的城市。"

十年后，甲还在工地上砌墙，乙成为一名著名的建筑设计师，而丙已经是这个城市的市长了。

这个故事告诉人们：有了明确的目标，才会有成就。明确的目标是前进的方向，明确的目标是人生的灯塔，人生若没有一个明确的目标，就像风筝断了线一样，不知道将要随风飘到哪里去。一个人若没有明确的目标，他只能庸碌地过日子，只会与失败为伍。

如果一个人能对自己的能力进行正确的评价，再给自己设定一个切合实际的目标，一步一个脚印地走下去，就更容易取得成功。因为有了明确目标的指引，对于前进道路上的困难就会有心理准备，就能够接受任何挫折与失败，并不断地调整自己的心态。这不但有利于身心健康，而且也有助于事业的成功。

但是，需要注意的是，奋斗目标不应该好高骛远。目标要明确、具体，不能太笼统。目标还要适度，使自己能够承受。此外，所设目标要有一定的难度，有一定的挑战性，有相当的竞争性，同时也不能"可望而不可即"，不然，只会给人徒留笑柄。

要做个有成就的人，必须知道自己想成就的是什么，否则就会像在太平洋中驾驶船却没有带指南针一样，一会儿东，一会儿西，随风飘荡，虚掷一生，却哪儿也没去成。

明确的目标会让你精神十足地去面对前进道路上的一切困难，对于前方的艰难险阻，你会用百倍的信心去面对。有了明确的目标就会产生伟大的精神，有了伟大的精神，整个世界都会为你让路。

◆ "没有目标，日子便会结束"

你是不是总在考试过后才发现有很多课程没来得及复习，你是不是打算早起锻炼身体结果却没有起来，你是不是打算去买件上衣结果却提了条裤子回来，你是不是总感觉学习成绩怎么也提不上去？亲爱的青少年朋友，你知道吗，这一切都源于你没有明确的人生目标。

翻开每一本成功人士的传记，循着每一位成功人士的足迹，你会发现，所有成功人士在青年时期都已经为自己树立了一个明确的人生目标。只要有了目标，就有了奋斗方向，就能把远大理想化为自觉的行动。如果没有目标，对于一个人来说等于什么事情也不会发生。

世界著名的石油大王约翰·洛克菲勒年轻时，也曾有过一段无聊彷徨的岁月。

有一次，他漫无目的地出了家门，随便搭乘了一位农民的马车。坐在马车上，这位农民问他要去哪里，约翰·洛克菲勒就引用惠特曼的诗句回答说："我将去我喜欢的地方，让漫长的道路将我带到遥远的地方。"农民很惊讶地问了一句："你竟然没有一个明确的目的地！"说完便停下马车，将他赶了下来，并严厉地告诉他："游手好闲之徒，你应当找份正当的职业，挣钱过日子。"

这位农民的话让洛克菲勒猛然醒悟，从此他立志干一番事业，做一个对社会有用的人。后来，经过多年奋斗，他终于凭借自己的聪明才智建立起一个庞大的石油帝国。在他晚年，还经常以这件事来教育自己的子孙——人生不能没有明确的目标。

是啊，人生不能没有明确的目标。没有明确目标的人生是残缺的人生，没有明确目标的人生是苍白无力的人生，没有明确目标的人生是注定要失败的人生。人生目标是你生命中的北极星，是你事业的灯塔，是你前进的动力。因此，在生活中，你若想取得成功，就一定要学会在做每件事之前，制定明确的目标，那样，你的前途将会无限光明。

◇—| 学姐寄语 |—◇

青少年朋友一定要学会：不管做什么事，都要先有一个明确的目标。了解自己内心的需求，明确自己的人生方向，朝着目标不断地前进，方能到达理想的彼岸，方能收获人生的喜悦与幸福。

你的志向让生活弥漫芳香

当你把追求放到自己的生命至高点上时，你就会觉得，什么困难都无法挡住你前进的步伐。喷泉的高度不会超过它的源头，一个人的成就绝不会超过自己的理想。因此，凡是要做大事的人，首先立志就高，不会让小事、凡事绊住自己，影响自己，束缚和毁掉远大的前程。

立志当立天下志，求名当求万世名。我们的志向，应该有吕不韦经营天下的气魄。男儿志在四方，不应该畏畏缩缩安于现状，要努力去闯出一番自己的事业来，扬名天下。

"你打算将来干什么？"这是生活中出现频率最高的问题之一，尤其是对朝气蓬勃的青少年来说。的确，理想和未来对每一个人来说既是一个让人伤脑筋又是一个十分关键的问题。罗曼·罗兰曾说过："没有志向的青年，就像断线的风筝，只会在空中东摇西晃，最后必然丧失前程。"人只有有了志向，生活才会有芳香，人生的价值、意义和境界，才能在对志向的追求过程中得到好的体现。所以，要敢于把自己的人生目标定位到成才的坐标之上并为之不断地去努力。只有这样，自己的青少年生活才会更加丰富而充实；只有这样，才能更加完善自己的人生。

◆ 预则立，不预则废

人们常把"人无志不立""志不立，天下无可成之事"之类的话语当作自己的座右铭，这里所说的"志"其实就是人们心中那个确定的目标，以及要为之奋斗的决心与坚持。立志就是让一个人从大地上站立起来，从懵懵懂懂中清醒过来，从浑浑噩噩中悔悟过来，从艰苦之中卓然挺立起来。立志是一种自我警醒，是成就自我关键的一步，也是最基本的一步。或许你目前一无所有，一无所成，这些都无关紧要，最重要的是有志向。

我们都知道，每个人在心里定义的人生成功都是不一样的。但无论这个定义有多广泛，有一点是不会改变的。那就是在相同的条件下，不管选择了怎样的人生道路，事先有没有目标其结果大不一样。有些人的生活完全没有目标，有些人只计划眼前几天的日子，但现实的生活总会神奇地将它与那些有明确目标并且能持之以恒的人区别开来。所以，一个人在成长的过程中，首先必须要立志。

古语有云："凡事预则立，不预则废。"观察你的周围就不难发现，很多同学不单对自己没有什么要求，而且还沉沦在迷惑颠倒中。有同学喜欢打网络游戏，只要一碰触到鼠标，就能一下子进入忘我的境界，可以废寝忘食，两耳不闻窗外事。他们有着无比大的决心，强大的意欲，不"打到痛快"誓不罢休，希望创造纪录来肯定自我的价值。相反，一位高考状元曾经这样说："人要树雄心，立大志。当我上中学时，就立志将来上重点大学；当我选择了文科后，就立志上北京大学；当我名列前茅时，就立志拿文科状元；当我拿到北大的录取通知书时，就立志继续深造，向更高的学位攀登。"他就是在这样一种不断确立目标、不断追求、不断实现目标的过程中体会学习的成功与快乐。所以，立志的人和没有志向的人在各个方向都不大相同，正因为如此，立志才把人区别开来，也才有了成功与失败之分。

鸟贵有翼，人贵有志。人的一生绝不能随波逐流，这样的生活方式对

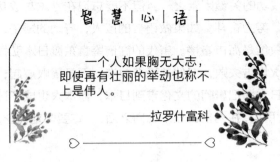

自身无任何好处，死后也不能为世人留下些什么。正因为如此，就要在年轻之时给自己定下志向，时刻保持激情，去追求那些可望而不可即的东西，努力去做旁人不敢做也无法做到的事情。只有拥有这种可贵的自强自立精神才能报效国家，光耀门楣。

◆ 有志者事竟成

一个人即便是出身贫寒，饔飧不继，但只要有远大的志向、崇高的抱负，也能奋然前行，干出一番惊天动地的事业。相反，如果没有远大的志向，就不可能成就大业。一般情况下，对自己的要求越高，取得的成就越大；对自己的要求越低，取得的成就越小，甚至会一事无成。

英国杰出的物理学家法拉第，确定了电磁感应的基本定律，从而奠定了现代电工学的基础。此外，他还有磁致光效应等多项重大发现。然而，这位被大思想家恩格斯称作是"到现在为止的最大电学家"，却只读了两年小学。当同龄的伙伴都坐在教室时，他却一边卖报，一边认字，后来又自学了电学、力学和化学知识。他立志要在科学领域作一番成绩，于是就给赫赫有名的戴维教授写信表示："极愿逃出商界入于科学界，因为据我想象，科学能使人高尚而可亲。"而当时的法拉第仅仅是一个装订图书的学徒工。

试想一下，如果法拉第没有远大的志向，世界就少了一位如此瞩目的科学家。当然，在这个世界上，每一个人都是独一无二的。不同的性格、不同的气质、不同的爱好也决定着每一个人不同的志向，即"人各有志"。但不论有多么不同，有一点是相同的，那就是文天祥曾说的"丹崖翠碧千万丈，与公上上上上上"，胸有大志，或者说胸有"鸿鹄之志"才能使个人的天赋得到最大化发展。

有志向虽然是人生成功的关键因素之一，但不要忘记在立志与成功之间，还需要坚持不懈、努力奋斗。如果做语言的巨人，行动的矮子，那么再宏伟的好志向也只能是海市蜃楼。唐代的高僧鉴真东渡日本弘扬佛法，历尽磨难，前五次均告失败，但他并没有放弃，而是屡败屡起，直到第六次，终于到了日本，把唐朝的文化带到日本，他本人也成了日本佛学中律宗的创始人。所以，在为自己立下志向之后，一定要坚定信念，将理想化为现实。

◇─┤ 学姐寄语 ├─◇

一个人将来能不能有作为，取决于他青年时期有无志气。志气的来源并不是他少年时是否有成就大事业的巨质，而在于他是否有成就大事业的方向和一颗相信自己、永不退缩的心。所以说，尽早确定一个属于自己的志向，是获得成功最有效的方法。

做自己命运的主宰者

世上有容易的事情做，所以我们常常就会放弃艰难的事情，可偏偏是艰难的事情才可能让我们与别人有所区别。每一次选择，都代表我们放弃了其他的选择。生活的强者，和成绩或成功无关，只关乎心灵，还有意志。成熟的人们尊重自己，也尊重别人。

一个人具备了执著的信念，才有资格成为自己命运的主宰者，这世上也只具备强大坚持力的人才能拥有一切，才能达成终极的成功。

大凡成功者的字典里都没有放弃、不可能、办不到、没法子、成问题、行不通、没希望、退缩这类愚蠢的字眼。他们在奋斗的过程中，都是尽量避免绝望，一旦受到它的威胁，他们就会立即想方设法向它挑战。

要想成功，要想与众不同，要想创新，就不能在乎别人如何看你。

大画家梵高当时被人们认为是一个疯子。不仅仅是他们，世界上的每一个伟人在刚刚开始时，都被视为异类。因为他们不平凡，当然不被平凡人理解，因为他们与众人不一样，所以他们会发展成为伟人，而一般人与一般人都一样，同样是一般人的想法。

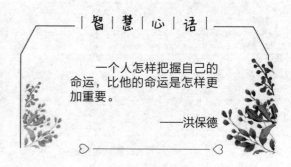

所以，当你被周围的人视为疯狂的时候，你几乎已经开始成功了。但是一般人太在乎别人如何看他，害怕别人对他的批评，想法与行为当然处处受限制，如何能成功呢？所以，在面对众人对你的讥讽与嘲笑时应该坚持自己的原则，说不定下一步就是成功。

人们对自己的选择负责，他们也许抱怨，但是抱怨之后一定有真正的行动。他们一直在练习宽容，他们懂得欣赏不同的美和生活方式。懂得享受，也能够克制。

他们在世界这片汪洋大海里游泳，偶尔也被人生选择和人际关系之类的波浪呛到，时不时地发生一些小意外，他们知道那是人生常态。就算眼下有些狼狈，重要的是继续游下去，前面有风景等着自己。

◆ 咬定青山不放松

生活再苦、再难、再累，也要笑着活下去,这笑容里诠释出的是一种坚强、一种勇敢、一种信心。生活中，能发出这样一种笑容的人，还有什么艰难和险阻过不去呢？

有一句话叫"志不坚者智不达"，这句话非常有道理。伟大人物之所以伟大，最关键的就是其具有坚强的意志，他们一旦确定目标，就会坚持自己的理想，直到成功为止。正如发明家爱迪生所说："伟大人物最明显的标志，就是他坚强的意志，不管环境变换到什么地步，他的初衷与希望都不会有丝毫的改变，他会最终克服困难，达到预期的目的。"

英国前首相本杰明·迪斯雷利原本是一名并不成功的作家，出版数部作品却无一能给人留下深刻印象。文学上的失败让他认清了自己，几番周折后，他决定涉足政坛，决心成为英国首相。他克服重重阻力，先后当选议员、下议院主席、高等法院首席法官，直至 1868 年实现既定目标，成为英国首相。

本杰明·迪斯雷利成功后，有人问他成功的秘诀，对于自己的成功，在一次简短的演说中他一言以蔽之："成功的秘诀在于坚持目标。"明确而坚定的目标是赢得成功、有所作为的基本前提，因为坚定目标的意义，不仅在于面对种种挫折与困难时能百折不挠，抓住成功的契机，让梦想一步步变为现实，更重要的还在于身处逆境能产生巨大的奋进激情，使自己的潜能得到最大的发掘与释放。

一个人要坚定地走自己的路，要情愿忍受苦难地走自己的路，这样才不会在世俗面前庸俗下去。何况，人在思想旅途中又常常会气馁、彷徨。面对身外身内的敌人，如果缺少思想韧性，就会从挑战、质疑、叩问变成迎合、俯就、媚俗，完全失去创造者高贵的特征，生命也就不再具有质量的话题。

◆ 挫折是前进的动力

既然目标已定，便应该风雨兼程，正如林肯挂在墙上的名言：我要朝着我的目标前进，攻击我的言论将会一钱不值。如果我要看攻击我的言论，我将一事无成。

泰戈尔说："如果说失败是成功之母，那挫折就是前进的动力，让我们在人生的长途上，勇于高歌。只有经历地狱般的磨炼，才能炼出创造天堂的力量；只有流过血的手指，才能弹出世间的绝唱。"

青少年朋友们可能都读过古希腊神话中西西弗斯的故事。

西西弗斯触犯了众神，诸神为了惩罚西西弗斯，便要求他把一块巨石推上山顶。而由于那巨石太重了，每每未上山顶就又滚下山去，前功尽弃。这样，西西弗斯所面临的是：永无止境的劳作又永无止境的失败。天神要惩罚西西弗斯的，也就是折磨他的心灵，使他在"永无止境的失败"命运中，饱受苦难。但他就是坚持自己的追求，永无止境地不放弃。

西西弗斯在前进的过程中始终不肯认命。他也没有在成功和失败的圈套里被困住，他认为推石头上山的过程本身就很有意味，只要把石头推上山顶，总有一天它会停下来，况且每一次推石头到山顶，都是一次意志的检测。

从这以后，天神终于没有办法再惩罚西西弗斯，就召他回了天庭。西西弗斯终于赢得了胜利。他的全部秘诀只有一句话：不屈不挠，坚持到底。这也是让生命过程获得美感的最好选择。

♻—| 学 姐 寄 语 |—♋

　　爱默生说："一个伟大的灵魂要坚强地生活，也要坚强地思想。"他就是用这句话来警示人们要远离脆弱，多一些挺进的勇气和思想的坚韧。爱默生的思想环境其实比我们好得多，但他还是感到没有坚强的意志就难以坚持自己的追求。

只要你心中充满希望

人不可能不做错事，也不可能不走弯路。昨天已成为往事，那么就不要再在意它的是非曲直了。生活不可能回到过去的岁月，光阴如箭，来不及后悔。从过去的错误中吸取教训，在以后的生活中不要重蹈覆辙，这才是成长！让心灵不后悔过去，活在今天的希望里。让自己活得更舒心些，每天给自己一个希望，试着不为昨天而流泪、叹息，只为今天过得更加美好而奋斗，就能够造就一个辉煌的明天，拥有一个灿烂美好的人生！

人要活在希望里，哪怕你的希望在不停地破灭，也要鼓足勇气去继续寻找并构建新的希望。只有这样，生活才会变得充满张力，人生才会丰富而又多彩。什么是希望？希望就是这样的一种东西，无论你是自由还是不自由，在困境中或在悠闲地享受生命，还在挣扎着抑或已经置所有的一切以度外，你都可以拥有，并让你可以更加坚强地面对现实。希望是美好的，只要我们心中充满希望，任何困境都可以征服，只要心中充满希望，我们的心就能永远年轻。所以，人是要活在希望当中的。

◆ 生活之中离不开希望

希望是梦想，是理想，是志向，是一个值得让自己去努力奋斗的目标和方向。它不一定会很大，但却是生命的需要，或者说是支撑。生命只有在追逐希望的过程中才能感受到它的存在并体现出其意义，一旦没有了希望，那它就会变得虚无且缥缈。就像万物生长所需要的太阳，虽然不能每天都会如期地出现，但如果没有了它，世界将会变得黑暗且荒芜。不经历风雨，怎么见彩虹，阳光总在风雨后，只要努力，只要坚持，只要心存希望，梦想终将变成现实。

只要心中充满希望，就有可能成就不平凡的事业。巴顿将军曾说过："一个不想当将军的士兵不是一个好兵。"将军是每一个军中男儿的梦想，是钢铁板块里的骄傲，是戎马生涯里的最高荣誉。它召唤着一代又一代军人为之奉献了自己的青春和热血，造就了无数可歌可泣的动人篇章。虽然并不是所有的军人都能成为将军，但他们心怀希望不断奋斗的历程却值得人们去学习。

希望年轻气盛的青少年一定要立足于现实，切忌好高骛远。因为任何一个愿望的实现都必须具备一定的条件。因此，当要构建一个新希望时，必须立足现实，去伪存真，找准差距，精详细划，明确方向。否则就是梦幻泡影，水中捞月。敬爱的周恩来总理在少年时就树立了"为中华之崛起而读书"的远大志向，最终经过不懈的努力得以实现。乱世救国，是热血男儿的责任；追求真理，是成就伟业的方向。由此可见，总理的志向是远大的，也是现实的。如今的国家兴旺发达，人民安居乐业，那么，你的希望只要有益于个人的成长进步，有益于家庭的幸福安宁，有益于社会的繁荣昌盛，就是现实的。所谓山不在高、水不在深，只要心存希望，就能在你奋斗、实现与跨越的过程中体现出生命的价值。

希望是勇气，是信心，是力量。当挫折与失望对你纠缠不休时，当梦想一再破灭时，不妨给予自己新的希望，重拾行囊，怀揣坚强的意志和不屈的信念，勇敢地启动新的征程，去迎接明天那一轮崭新的太阳。

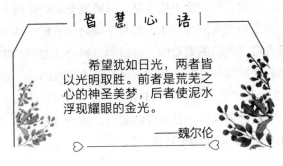

希望犹如日光，两者皆以光明取胜。前者是荒芜之心的神圣美梦，后者使泥水浮现耀眼的金光。

——魏尔伦

亚历山大大帝，曾带给希腊和东方世界文化的交流契机。据说他投入了全部的青春热情与希望，出发远征波斯之时，曾将他所有的财产分给群臣。为了登上讨伐波斯的漫长征途，他必须购买种种军需品和粮食等物，为此他需要巨额的资金。但他把珍爱的财宝和自己占有的土地，几乎全部分给了臣子。群臣之一的庇尔狄迦斯感觉奇怪，于是就问亚历山大大帝："陛下带什么启程呢？"对此，亚历山大回答说："我只有一个财宝，那就是'希望'。"庇尔狄迦斯听过此话之后，说："那么请允许我们也来分享它吧。"于是，他谢绝了亚历山大分配给他的财产，而且大臣中的许多人也效仿了他的这种做法。

所以说，人生不能没有希望，所有的人都要生活在希望当中。假如有人生活在无望的人生当中，那么他只能是失败者。其实，人很容易遇到失败或障碍，如果悲观失望，那么在残酷的现实面前，就会唉声叹气、牢骚满腹，甚至失掉活下去的勇气。相反，身处逆境而不丢掉希望的人，肯定会打开一条光明之路，在内心里也能体会到人生的真正愉悦。在青少年逐步走向社会生活的路上，最重要的既不是财产，也不是地位，而是像火焰一般在自己胸中熊熊燃起的信念——希望。

◆ 有希望，生活才有价值

生活的轨道原本就是一条曲折而又坎坷的泥路。自降生起，你便在这泥泞的道路中寻找自己所追求、所向往的梦想。当你回头望去，看到的是一个个的脚印，或深或浅，它们时常提醒或暗示着你——你所走过的路，一定要充满希望！

斯蒂芬·威廉·霍金，1942 年 1 月 8 日出生于英国，1963 年被诊断患了"卢伽雷氏症"，全身瘫痪，被迫长期禁锢在轮椅上。1985 年，又因患肺炎进行了穿气管手术。此后，他完全不能说话，只能靠安装在轮椅上的一个小对话机和语音合成器与他人进行交谈，而看书则必须依赖一种翻书页的机器。在这种一般人难以置信的艰难中，他成为世界公认的引力物理科学巨人，提出了著名的"黑洞理论"。他的成就是令人惊叹的，于是1974年他理所当然地被选为英国皇家学会最年轻的会员，1979年任剑桥大学卢卡逊数学教授——牛顿曾经也担任过这样的职位，他被誉为继爱因斯坦之后世界上最著名的科学思想家和理论物理学家。

大部分人是从畅销的科学书籍《时间简史》才开始了解霍金的。1988年他撰写了《时间简史》，迄今已被译成多种语言，在全世界发行超过千万册。他的《果壳中的宇宙》获得了"安万特科学图书奖"。阅读过他的著作的人，会生出这样的感受，像他的《果壳中的宇宙》，题名出自莎士比亚戏剧《哈姆雷特》中的一句台词："我即使被关在果壳之中，仍自以为无限空间之王。"霍金的回答大多简洁明了，也不乏睿智和幽默。一位记者希望霍金预测21世纪最伟大的科学发现，霍金说："如果我知道，我就已经把它做出来了。"场内一片笑声，而霍金接下去的话又耐人寻味，使人体味到科学中蕴含的哲理思想，他说，"科学发现是某种不可预料的东西，将非常奇异地到来，它是由想象力的跳跃组成的，科学就是这样的发展。"

也许，我们会埋怨上天的不公，让一个风华正茂的青年禁锢于轮椅上，剥夺了他本应与同龄人一样拥有的朝气、自由与美好的前途。也许，我们有过这样一个疑问：如果没有疾病的折磨，也没有被禁锢于轮椅上，霍金会不会有比现在更伟大的科学成就？相信人们都希望听听霍金本人对这个问题的看法。他的回答是："我认为我的科学研究没有多大影响。自《时间简史》之后，我的科学观点得到发展，但是没有根本性的改变。"当记者问霍金，除了科学研究带来的乐趣之外，生活中最大的快乐是什么时，他回答说："我享受生活，热爱生活，巨大的快乐来自于对生活充满希望和我的家庭。"

霍金所获得的巨大成就，是他与不公命运斗争的结果。同时，也告诉我们：不要被命运绳索所束缚，应该把命运紧紧地握在手中，自己去争取属于自己的！而这一点就需要有勇气，有希望。记得培根曾说过："灰心生失望，失望生动摇，动摇生失败。"所以，拥有坚定的希望才是最关键的。

曲折的生活道路在霍金的人生中，随处可见。但他并没被这些困难所压倒，而是毅然凭着自己的信念坚强地走了过来。看看霍金脸上的沧桑和笑容，四肢健全、青春活力的你们还有什么值得埋怨呢？只要心中有希望，有理想，有意志，还有什么不能解决的呢？

所以，心中长存希望，就会有追求，有追求就有了意义、有了价值，你也就能走向成功的彼岸。

◇—｜ 学 姐 寄 语 ｜—◇

人的生命是短暂的，在有生之年，需要我们努力去做的事情有很多。对于昨天，我们没有太多的时间去愧疚、后悔、流泪、哀伤。记住，你若有精力，那就把这些都用在将来美好的日子上。

目标感让你离成功更近一步

什么是目标感？这个词不难理解，顾名思义，目标感是对自己待实现目标的一种感觉。要有强烈的目标感，可能需要两点作为支撑：一是要有目标，二是选择适合自己的目标。目标从何而来？当然是从自己的需求中来。目标往往随处可见，有的人要看书，有的人要学技能，有的人要减肥，有的人要考证，等等。说白了，要做一件什么事儿的时候，做成这件事儿就是你的目标。

什么样的目标才适合自己？从大小上来讲，目标和能力要相适应，甚至比自己力所能及处稍高一些，这样才有挑战性，以便逼自己努把力才能做到。从种类上来讲，目标要切合实际，最好是找到现实与理想的平衡。当然，永远都只有自己才知道什么是最适合自己的。所以一切都可以参考，但绝对不要让别人来给你作决定。

人的大脑发育水平，对于每一个人来说，基本是平等的，除去那些天生的神童和天才以外，这个世界上没有谁比谁要聪明得多。在现实生活中，却有很多看起来很聪明，但就是学习老赶不上去的学生，其主要的原因就是：目标感不强。

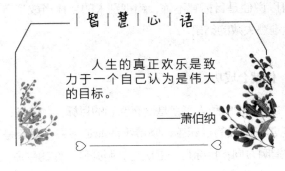

人生的真正欢乐是致力于一个自己认为是伟大的目标。

——萧伯纳

目标感不强的同学，做事虎头蛇尾，不能坚持，最终一事无成，就像脚踩着西瓜皮，滑到哪儿算哪儿。而目标感恰恰是情商中最核心的因素，有了目标的人，不管前面的路有多崎岖，多曲折，他都会一往无前。没有目标感或者目标感不强的学生，往往没有那些目标感强的学生进步得快。

◆ 目标感不强最容易失败

一个目标感不强的人，是不会在成功的路上走到头的。有人说：两个以上的目标就等于没有目标。可见，目标是一个专注的东西，目标只有一个。

20 世纪 40 年代，有一个年轻人，先后在慕尼黑和巴黎的美术学校学习画画。第二次世界大战结束以后，他就靠卖画来维持生计。

一天，他的一幅未署名的画被一个人误认为是毕加索的画而买走了。经过这件事以后，他想，我何不去模仿毕加索呢。此后，他一模仿就是 20 年。

20 多年以后，他一个人来到西班牙的一个小岛上，他想有一个家，让自己安顿下来。有一天，他再一次拿起了他的画笔，画了一些风景画和肖像画，并署上自己的姓名出售。但是，他的画过于感伤，主题也不明确，没有得到他人的认可。更不幸的是，当局查出他就是那位躲在幕后的假画制造者，考虑到他是一个流亡者，所以没有判他永久的驱逐，而给了他两个月的监禁。

这个人就是埃尔米尔·霍里。不可否认的是，埃尔米尔在画画方面有独特的天赋和才华，但是，他由于没有找准自己的方向，没有找到自己的目标，没有强烈的目标感，最终陷进泥沼，不能自拔，并终究难逃败露的结局。最令人可惜的是，他长时间地模仿别人的画，以至于让自己丢了最宝贵的思想，在模仿中渐渐迷失了自己，再也画不出属于自己的作品了。

究其落魄的原因，可以说他是目标感不强，错把别人的目标当成了自己的目标，所以，最终他难逃失败的结果。

◆ 朝着一个目标走，你就会成功

罗曼·罗兰说："人生最可怕的敌人，就是没有明确的目标。"但是，有了明确的目标之后，还要有极强的目标感，坚持不懈地走下去。目标是一个路牌，在迷路时为你指明方向；目标是一盏明灯，照亮属于你的生命；目标是一个罗盘，给你导引人生的航向；目标是一支火把，能燃烧每个人的潜能，牵引着你飞向梦想的天空。的确，目标是你追求的梦想，目标是成功的希望。失去了目标，你便失去了方向，失去了一切。

当你定下一个目标时，接下来就要努力让自己朝着一个目标走，无论遇到什么样的困难，都不要放弃。也许在开始的时候，你会感觉到有压力，感觉力不从心，没关系，只要坚持下去，成功就在下一个转角等你。

在一座山村里，有一匹马和一头驴子，它们是好朋友，马在外面拉东西，驴子在屋里推磨。有一天，马被主人选中要出远门做生意。

转眼间，10年过去了。10年之后，这匹马驮着一车的物品回到家中，它重到磨坊会见驴子朋友。老马谈起这次旅途的经历：浩瀚无边的沙漠，高入云霄的山岭，凌峰的冰雪，波澜的大海……那些神话般的境界，使驴子听了极为惊异。驴子惊叹道："你有多么丰富的见闻啊！那么遥远的道路，我连想都不敢想。"老马说："其实，我们跨过的距离是大体相等的，当我向远方前行的时候，你一步也没停止。不同的是，我和主人有一个目标，这10年来，按照始终如一的方向前进，所以，就打开了一个新的世界。而你，这10年来一直在磨盘旁边打转，因此，就永远也走不出这间屋子。"

生活中的道理也是如此，对于青少年朋友来说，没有极强的目标感，将意味着只能收获年龄的成长，收获不了心智上的成长。如果你想成为一个对社会有用的人，如果你想成为一个自己理想中的人，那么，你必须要有一个明确的目标，并拥有极强的目标感，以此作为自己生活中的核心目标，那么，它可以成为你人生中的"北斗星"。

在日常生活中，你的身边是否也存在这样的同学呢？在考试之前，有同学就跃跃欲试地说，这次考试我要进步多少名，有同学说我要提高多少分，有同学说我一定要拿第几名……他们的目标清楚，方向明确，可结果呢，却不一定是人人都可以达到。

这里，主要原因就是：他们没有极强的目标感。一个没有极强目标感的人，就不会有切实的行动，或者是行动不连续，就造成了一种现象，最终目标只是成为一种口号，挂在嘴上或者墙上而已。

总之，成功是每个人的追求和向往，但这需要极强的目标感作为后盾，再加上自己坚持不懈地为之奋斗，相信人人都可以成功。因此，青少年朋友要拥有一个极强目标感的心态，让自己离成功更近一步。

达到目标的方法为：以要达成的目标为终点，现在的状况为起点，两点之间需要找到一条路径来连接，这条路径是计划，走这条路则是具体的执行。没有目标的人，脚踩西瓜皮，滑到哪是哪，不知终点为何物；目标多且杂的人，终点分布在不同的地方，结果很有可能是难以起步，没能达成任何一个，或是顾此失彼，完成一些不得不放弃另一些；目标感强的人，既有明确的终点，也会筛选终点，接着规划尽可能短的路线，以最强有力的执行去实现目标。

◇—| 学 姐 寄 语 |—♡

青少年朋友在学习的过程中，一定要切忌浮躁，踏踏实实地选择自己的目标，让自己成为一个有着极强目标感的人，在实现目标的过程中，把自己打造成一个各方面都很优秀的青少年，为自己的将来打好最坚实的基础。

三根指挥棒

大咖故事会

沃尔特·达姆罗施出生在一个音乐家庭，他的父亲也是一名乐队指挥。他在很小的时候就展示出了他在音乐上的兴趣。1871年，他随父母移民到美国。1884年，当他的父亲开始德国歌剧的演出时，他就开始担任指挥助理。

沃尔特20多岁就已经当上了乐队指挥，难免开始有些小小的得意。但是，很快他就警醒了。有一件小事让他知道了自己的不足，这件事成了他后来不懈努力的警钟。

有一天排练，沃尔特把指挥棒忘在了家里。他正要让助理回家去取，助理却不以为然，非常轻松地对他说："不就是一根指挥棒嘛，到时向乐队其他人借就行了。"

沃尔特心里很疑惑：乐队里面就我一个人是指挥，怎么别人也会有指挥棒呢？但看着助理轻松的神情，他就半信半疑地去参加排练了。

但沃尔特心里仍不安，他想：除了自己，乐队里谁还会随身带着指挥棒呢？

开始排练前，沃尔特向队员们问了一句："请问有谁能借我一根指挥棒？"

话音刚落，三根指挥棒几乎同时在空中挥动。他真切地看到，大提琴手、首席小提琴手、钢琴师都从他们的琴盒或口袋里掏出来一根指挥棒。沃尔特接过指挥棒，心里霎时感到震撼：原来自己并不是什么必不可少的人物！看，很多人都在暗暗地努力，时刻准备取代我的位置。他们都是那样用心，指挥棒随时可以拿得出来，一定随时在心中练习吧。从此，沃尔特不再沾沾自喜，他更加用心地去努力进步。

当他懈怠的时候，那三根指挥棒就会在他面前闪现。竞争就在乐池的阴影中，悄无声息，却始终存在。想到别人的努力，自己就只有更加勤奋了。